W0173476

In dieser Reihe sind
bisher erschienen:

Richtig Badminton
Richtig Basketball
Richtig Carven
Richtig Fitness-Skating
Richtig Fußball
Richtig Golf
Richtig Golf länger und genauer
Richtig Golf rund ums Grün
Richtig Inline-Skating
Richtig Jogging
Richtig Marathon
Richtig Mountainbiken
Richtig Muskeltraining
Richtig Paragliding
Richtig Reiten
Richtig Rennradfahren
Richtig Schwimmen
Richtig Segeln
Richtig Snowboarding
Richtig Stretching
Richtig Taekwondo
Richtig Tanzen 1
Richtig Tanzen 2
Richtig Tanzen 3
Richtig Tauchen
Richtig Tennis
Richtig Tennistraining
Richtig Tischtennis
Richtig Torwarttraining
Richtig Walking
Richtig Yoga

RICHTIG

BLV SPORTPRAXIS TOP

Selma Brandl

Reiten

blv

Die Deutsche Bibliothek –
CIP-Einheitsaufnahme

Richtig reiten / Selma Brandl.
In Zusammenarbeit mit Marlene Baum. –
9., überarb. Aufl. – München ; Wien ;
Zürich : BLV, 2000
(BLV-Sportpraxis : Top)
ISBN 3-405-15936-9

BLV Verlagsgesellschaft mbH
München Wien Zürich
80797 München

BLV Sportpraxis Top

Neunte, überarbeitete Auflage

© BLV Verlagsgesellschaft mbH
München 2000

Das Werk einschließlich aller seiner Teile ist urheberrechtlich geschützt. Jede Verwertung außerhalb der engen Grenzen des Urheberrechtsgesetzes ist ohne Zustimmung des Verlages unzulässig und strafbar. Das gilt insbesondere für Vervielfältigungen, Übersetzungen, Mikroverfilmungen und die Einspeicherung und Verarbeitung in elektronischen Systemen.

Satz und Druck: Appl, Wemding
Bindung: Großbuchbinderei Monheim, Monheim

Gedruckt auf chlorfrei gebleichtem Papier

Printed in Germany · ISBN 3-405-15936-9

Bildnachweis
A. Bronkhorst S. 40/41, S. 126/127
H. Czerny S. 64
G. Deubzer S. 17, 33, 116
E. Escher S. 6/7, 116/117
Gilsow S. 74 u.
J. Kemmler S. 8, 10, 13, 14, 18, 20, 21, 23, 29, 37, 46, 52, 57, 58, 68, 73, 93, 94/95, 96, 97, 103, 106, 113
L. Lenz S. 2, 11o., 15, 16, 19, 24, 26, 30, 31, 32, 34, 105, 115
Lufthansa S. 102
P. Prohn S. 120/121
E. Schiele S. 11 u.
E. Schöpal S. 108, 110, 124/125
M. Schreiner S. 9, 38
Scuitto S. 74 o.
Chr. Slawik S. 12
J. Toffi S. 50, 53, 99

Grafik: K. Diacont, U. Schramm

Umschlagfotos:
A. Bronkhorst (Vorderseite)
M. Schreiner (Rückseite)

Inhalt

Reiten lernen – das zu vermitteln versprechen heutzutage unzählige Bücher, doch reiten lernt man weder mit dem Buch in der Hand noch ausschließlich durch reiten! Eine Reitlehre kann niemals die Erfahrung mit dem Lebewesen ersetzen, sie liefert lediglich die theoretischen Voraussetzungen. Dieses Buch kann und will daher keine umfassende Reitlehre sein, sondern es versucht erst einmal, dem unvorbelasteten Leser das Pferd als Lebewesen mit seinen ganz speziellen, artgerechten Verhaltensweisen näherzubringen.

Nur wer die Ansprüche des Pferdes kennt und versteht, vermag überhaupt Zugang zu diesem Tier zu gewinnen, kann »richtig« reiten lernen und sich, das Pferd und andere einigermaßen vor Unfällen schützen.

Wer »richtig« reiten will, sollte auch »richtig« mit seinem Pferd umgehen können – und wir werden sehen, daß Umgang und Pflege dieses Tieres mindestens ebenso reizvoll sind wie das Reiten selbst, denn

Reiten ist nur ein Teilbereich der Freizeitbeschäftigung mit dem Pferd.

Richtig reiten – darunter wollen wir weder ausschließliches Spazierenreiten noch den eintönigen Drill in der Reitbahn noch die Jagd nach »Lorbeeren« verstehen, sondern ein freudiges, abwechslungsreiches und möglichst natürliches Zusammensein mit dem Partner Pferd.
Reiten lehrt uns nämlich – besser als jedes Buch und mancher Reitlehrer – das Pferd selbst, vorausgesetzt, wir sind bereit, es als Lehrer anzunehmen, zu beobachten und zu verstehen.
Reiten heißt fühlen, und fühlen lernen erfordert geduldiges Abwarten. Daher müssen wir wissen:

Reiten lernt man lebenslänglich!

»Richtig« reiten heißt, die Natur im Pferd zu erkennen und es durch geschicktes Einfühlen zu veranlassen, dem Willen des Reiters zu folgen.
»Richtig« reiten heißt aber auch, Verantwortung zu übernehmen für ein Tier, das weder ein Vergnügungsobjekt noch ein Schoßhund noch modisches Accessoire oder gar ein Sport- oder Trimmgerät ist. Nur da, wo Pferde artgerecht behandelt und geritten werden, vermögen sie uns ihre wirkliche Natur mitzuteilen, uns in Sport und Freizeit Partner zu sein und uns täglich neu zur Freude und zum Erfolg zu verhelfen.

Ausflug in die Verhaltensbiologie

Richtig reiten und richtig mit dem Pferd umgehen kann man nur, wenn man weiß, wie sich dieses Tier verhält.

Das Verhalten aller Lebewesen ergibt sich aus dem ihnen zugewiesenen Lebensraum: Sie alle sind von der Natur so ausgestattet, daß sie in ihrem Bereich überleben können. Auch unsere Stallpferde haben viele Verhaltensweisen des Herdentieres, das sie ursprünglich waren, beibehalten. Pferde fühlen sich am wohlsten, wenn sie unter Artgenossen sind, das heißt sich hören, sehen, riechen und möglichst auch fühlen können. Daher muß sich der Mensch in das natürliche Verhalten des Pferdes hineinversetzen, er darf es nicht mit dem Maßstab menschlicher Logik und menschlicher Bedürfnisse beurteilen.

Pferde sind grasfressende, in Herdenverbänden lebende Steppentiere, deren »Waffe« die Flucht ist. Aus den Eigenschaften, die das Pferd als Herden- und Fluchttier braucht, lassen sich nicht nur fast alle seine Verhaltensweisen und Bedürfnisse, sondern auch sein Körperbau erklären.

In der Herde läßt sich das Verhalten der Pferde am besten studieren. Die hier abgebildeten Haflinger-Junghengste haben eine Stute in der Nase. Die artgerechte Reaktion ist das sogenannte »Flehmen«.

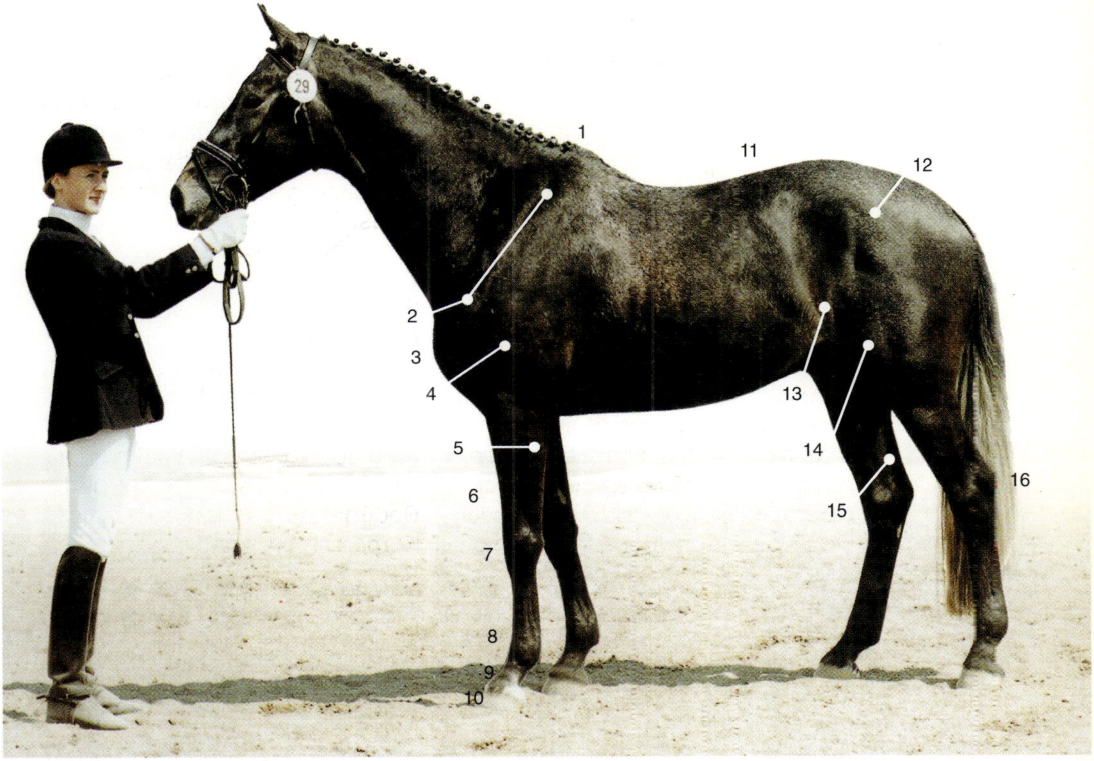

Einige wichtige Körperteile des Pferdes

1 Widerrist
2 Schulter
3 Brust
4 Oberarm
5 Ellbogen
6 Unterarm
7 Vorderfußwurzelgelenk
8 Röhrbein
9 Fessel
10 Huf
11 Lende
12 Kruppe
13 Flanke
14 Knie
15 Hose: Unterschenkelmuskulatur, nur von hinten sichtbar
16 Sprunggelenk

Das Pferd ist ein Fluchttier

Flucht setzt Schnelligkeit voraus, und um schnell zu sein, muß man schlank, hochbeinig und schmal sein – Körpermerkmale, die wir Menschen als »rassig« oder »edel« bezeichnen – nicht nur bei den Pferden!
Aber nicht nur der Körperbau ist wichtig für die Schnelligkeit, sondern auch die Versorgung der Organe mit Luft und die Regulierung des Wärmehaushaltes.
Die Nüstern des Pferdes sind von sehr zarter Haut umgeben und daher stark dehnbar.
Damit es bei langem, schnellem Laufen keinen Hitzestau erleidet, kann das Pferd – genau wie der Mensch – durch die Haut **schwitzen**; durch den Schweiß verdampft Wasser, und das kühlt.

Beißen und Schlagen

Dies tun Pferde nur, um ihre gegenseitigen Machtkämpfe um die Rangordnung auszutragen oder aus Gegenwehr im äußersten Notfall, wenn keine Flucht mehr möglich ist. Selbst in der Enge der Reitbahn bedrohen sich »Rangrivalen« bei einer Begegnung durch entsprechende Mimik. Ansonsten gilt die Regel (s. auch Seite 123):

Pferde sind friedlich und werden nur durch falsche Behandlung zu Beißern und Schlägern.

Haflinger brauchen ihren Auslauf – ganz besonders auch im Winter.

Das Kämpfen kann oft spielerischer Natur sein.

Das Pferd ist ein Steppentier

Die Steppe ist mit teilweise hohem Gras bewachsen. Um nun einen möglichst weiten Blickwinkel zu haben, ist der Hals des Pferdes hoch aufgesetzt. Die **Augen** erlauben einen viel größeren Blickwinkel als z. B. die des Menschen, da sie seitlich am Kopf sitzen. Auch die **Ohren** sind unabhängig voneinander in alle Richtungen »beweglich«, so daß die Pferde sich jederzeit nach allen Seiten hin orientieren können. Pferde haben harte **Hufe**, deren Hornmante sich in der Steppe von allein abnutzt. In der Gefangenschaft muß der Huf-

Typisches Imponiergehabe eines Hengstes.

schmied diese Abnutzung steuern (s. Seite 28, Hufpflege).
Der lange **Schweif** und der **Schopf** sind nicht nur Schmuck, sondern sie helfen, Insekten abzuwehren.
Auch die **Haut** ist hochgradig empfindlich: Das Pferd kann durch gezieltes Hautzucken Ungeziefer abwehren.
Pferde haben einen sehr feinen **Geruchssinn** und außerdem lange **Tasthaare** am Maul und an den Augen, deren Bedeutung man noch kaum erforscht hat.
Dazu kommt ein äußerst feines Gehör. Diese scharfen Sinne erlauben sofortige Wahrnehmung von möglichen Gefahren.

Gespitzte Ohren und hocherhobener Kopf – ein Zeichen für höchste Aufmerksamkeit.

Das Pferd ist ein Herdentier

Der Herdenverband bietet Sicherheit: Die Tiere können sich gegenseitig helfen. Zum Beispiel werden Fohlen und schwache Tiere in die Mitte genommen und so bei Gefahren geschützt. Auch warnen sich die Mitglieder der Herde gegenseitig bei Gefahr und halten Wache: Niemals liegen alle Tiere zugleich, selbst im Stall nicht – immer paßt wenigstens eines auf.
Um in der Gemeinschaft leben zu können, müssen sich auch die Pferde unterordnen; diese Fähigkeit hat ihnen die Natur mitgegeben – wir Menschen müssen das erst mühsam erlernen.
Innerhalb der Herde herrscht eine klare **Rangordnung**; jedes Tier hat seinen festen Platz. Stößt ein neues Pferd zur Herde, so wird es nicht gleich begeistert aufgenommen, sondern es muß seinen Rang erst erobern.
Häufig schließen zwei oder drei Pferde regelrecht **Freundschaft**; sie grasen in enger Entfernung voneinander, reiben sich gegenseitig das Fell und rufen sich, wenn sie getrennt werden. Die Verständigung innerhalb der Herde erfolgt durch optische und akustische **Signale** wie Mimik, Körperhaltung und verschiedene Laute. Diese »Signale« sind sowohl dazu da, sich friedlich zu verständigen, z. B.

Das harmonische Bild einer ruhenden Ponyherde.

sich zum gegenseitigen Kraulen einzuladen, sich zu begrüßen, zu spielen, Rangkämpfe auszutragen usw., sie dienen aber auch der gegenseitigen Warnung vor möglichen Feinden.

Optische Signale

Die sogenannte »**Achtungstellung**« – hocherhobener Kopf, gespitzte Ohren, gespannte Muskeln, erhobener Schweif – signalisiert mit dem ganzen Körperausdruck Gefahr: Alle Pferde reagieren entsprechend und sind sofort fluchtbereit. Beginnt eines zu laufen, so rennen alle hinterher. Das gefürchtete »Durchgehen« von Pferden ist also im Grunde Flucht und wirkt ansteckend.

Mimik

Das **Ohrenspiel** verrät viel über ein Pferd: Gespitzte Ohren bedeuten Aufmerksamkeit, nach hinten gerichtete Ohren können Konzentration auf den Reiter anzeigen, aber auch auf Schmerz hindeuten. Seitlich herabhängende Ohren zeigen, daß das Pferd teilnahmslos ist, sei es, weil es döst oder krank ist. (Schlappohren sind rassetypisch.)

Das **Drohgesicht** präsentiert sich durch flach angelegte Ohren, hochgezogenen Maulwinkel und entblößte Zähne. Ein so drohendes Pferd sollte man nur berühren, wenn man es kennt!

Ohrenspiel

Drohgesicht

Kleines schelmisches Ponyauge

Die **Augen** des Pferdes verraten viel über sein Befinden; an ihnen lassen sich Zufriedenheit oder Angst sofort erkennen.

Akustische Signale

Das **Wiehern** ist ausschließlich Begrüßungs- oder Rufsignal. Kein Pferd wiehert aus Angst oder bei drohender Gefahr, wie es in Wildwestfilmen so oft fälschlicherweise gezeigt wird.
Aus Angst **schnauben** Pferde, indem sie die Luft pfeifend und stoßweise aus den Nüstern blasen. So prüfen sie auch ihnen nicht ganz geheure Objekte oder Gerüche. Schnauben hat mehrere Bedeutungen: Je nach Ausdruck kann es Zufriedenheit anzeigen oder Entspannung. Ist es mehr ein Brummen, so ist es Ausdruck von Zärtlichkeit, z. B. zwischen Stute und Fohlen.
Quieken hört man sie zuweilen bei Begrüßungen oder beim Spielen; manche Pferde quieken auch beim Bocken oder beim Springen.

Bedürfnisse des Pferdes

Pferde sind Gewohnheitstiere; sie haben viele Verhaltensweisen, die sie in der Freiheit regelmäßig zeigen und bei denen sie sich offensichtlich sehr wohl fühlen. Eine davon ist die sogenannte »**soziale**

Fellpflege«. Dazu stellen sich zwei Pferde Kopf zu Schweif und beknabbern sich mit Inbrunst gegenseitig die Stellen, die sie bei sich selbst nicht erreichen können. Auf diese Weise wedeln sie sich auch gegenseitig die Fliegen weg.
Das **Wälzen** ist auch eine Säuberungsaktion, selbst wenn manche Pony- und Pferdebesitzer daran verzweifeln möchten! Pferde wälzen sich nämlich liebend gern im schönsten Dreck, weil das erstens scheuert und zweitens der Lehm das Fell verklebt und sich damit abgestorbene Haut- und Fellteile lösen. Daher sollte man gerade Stallpferden so oft wie möglich die Gelegenheit geben, sich zu wälzen!

Auch unsere Stallpferde haben viele Verhaltensweisen des Herdentieres beibehalten, doch im Grunde ist ihnen im Stall fast alles genommen.

Den Stallpferden fehlt es häufig an Licht (die meisten Ställe sind viel zu dunkel), Luft (Pferde fühlen sich im warmen Mief nicht so wohl wie die meisten Menschen, sie werden sogar krank davon), Bewegung (eine Stunde Arbeit pro Tag, ein »Stehtag« in der Woche – und der Rest ist Langeweile), der Körperkontakt mit anderen Pferden (wir halten sie wie Raubtiere in Käfigen), die Möglichkeit, dauernd zu fressen (Pferde sind Dauerfresser, darauf ist ihr Verdauungssystem

Soziale Fellpflege ist wichtig für das Wohlbefinden.

eingerichtet) und nicht zuletzt die ständig wechselnden Eindrücke, die die Natur bietet. Pferde sind nämlich neugierig. Sie erleben gern viel, ohne dabei auf ihre Gewohnheiten verzichten zu wollen. Gewohnheit geht ihnen über alles: Futter-, Arbeits- und Schlafzeiten sollten daher regelmäßig sein.
Ein Pferd hat ein gutes **Langzeitgedächtnis**, aber es kann nicht folgern: wenn – dann! Reiter, die ihr Pferd erst nach dem Absitzen für irgendeine »Missetat« strafen, machen einen groben Fehler. Richtig ist es, unmittelbar zu loben oder zu tadeln. Und bei gut erzogenen Pferden genügt ein strenger Ton in der Stimme als Strafe, oder ein Leckerbissen, Absitzen oder Klopfen zur Belohnung!

Pferde können auch im Stehen schlafen – hier fühlt sich der „freundliche Nachbar“ nicht gestört.

Pferde haben einen feinen Geruchssinn, daher wirken Parfumwolken oder Zigarettenqualm eher abstoßend auf sie. Dafür sind sie durchaus in der Lage, die Angst eines Menschen zu riechen!
Pferde mögen Zärtlichkeit, sie sollen aber nicht verzärtelt werden! So ist es zum Beispiel falsch zu glauben, Regen oder Kälte schade ihnen. Pferde ziehen es oft vor, im Regen zu stehen als in den Stall zu gehen. In der Freiheit suchen sie sich sogar besonders windige Plätze zum Schlafen aus.
Pferde mögen keinen harten Boden. Die Steppe federt, die Straße dagegen macht pflasterlahm. Aber eine Straße ist immer noch besser als spitzer Schotter.

Auslauf im Schnee: Eine willkommene Abwechslung im Winter. ▷

Alle Pferde bevorzugen trockene Schlafplätze mit warmen Untergrund.

Das Pferd braucht Bewegung

Neben der Sorge für Wasser, Futter und Unterkunft sind wir es dem Pferd schuldig, für ausreichende Bewegung zu sorgen.

Die braucht es, um Organe, Muskeln, Gelenke und Kreislauf gesund zu erhalten. Wer sein Pferd nicht ausreichend bewegt, gefährdet nicht nur dessen Gesundheit, sondern auch seine psychische Verfassung. Viele Unarten und Widersetzlichkeiten haben nämlich ihren Grund einfach darin, daß die Pferde ihren Bewegungsstau und ihre Langeweile abreagieren.
Ausreichende Bewegung heißt vor allem regelmäßige, tägliche, abwechslungsreiche Bewegung. Selbst am sogenannten **Stehtag** ist es besser, das Pferd in der Halle oder auf der Koppel frei herumlaufen zu lassen.
Ausreichende Bewegung bedeutet auch, daß die Pferde schonend und mit Überlegung bewegt werden müssen. Also: Übermäßig hohes und häufiges Springen vermeiden, auf hartem Boden Schritt reiten und immer wieder Erholungspausen einlegen.

Wichtig ist auch, daß wir dem Pferd mindestens einmal in der Woche Gelegenheit geben, sich ohne Reiter möglichst im Freien austoben zu können und sich zu wälzen!

Von der Art der Bewegung hängt es in erster Linie ab, ob ein Pferd mit acht Jahren verschlissen ist, oder ob wir noch Freude an ihm haben, wenn es zwanzig ist!
Und zuletzt: Pferde sind nun einmal Herdentiere und daher gesellig – sie fühlen sich nur wohl in Seh- und Hörnähe ihresgleichen. Daher ist es Tierquälerei, ein Pferd z. B. allein in der Garage hinter dem Haus zu halten – es sei denn mit Gesellschaft: Freundschaften zwischen Pferd und Hase, Pferd und Ziege oder Pferd und Esel sind bekannt.

Der Bewegungsdrang ist besonders bei jungen Pferden ausgeprägt.

Intensive Beschäftigung mit dem Pferd fördert die Vertrauensbildung.

Aus den Verhaltensweisen und Eigenschaften des Pferdes ergibt sich auch, wie man am geschicktesten mit ihm umgeht. Denn der richtige Umgang mit dem Pferd ist die Basis der Reitausbildung – wenn man begreifen lernt, wie sich ein Pferd auf der Weide, im Stall, in der Ruhe, in der Bewegung und im Umgang mit dem Menschen zeigt, und weshalb es sich so und nicht anders verhält.

Vor allem müssen wir bedenken, daß das Pferd ein Fluchttier ist und sehr leicht erschrickt; nur dann kann man andere, sich selbst und das Pferd vor Unfällen schützen.

Vertrauen

Wichtig ist zunächst, daß der Reiter das Zutrauen und die Zuneigung des Pferdes gewinnt.

Dazu gehört, daß er sich intensiv mit ihm beschäftigt. Dabei spielt die **menschliche Stimme** eine wichtige Rolle: Das Pferd versteht zwar nicht unsere Sprache, doch ist es so sensibel, daß es am Tonfall sofort erkennt, ob es gelobt oder getadelt wird und ob der Reiter innerlich aufgeregt ist oder Ruhe und Selbstverständlichkeit ausstrahlt.
Nervosität, Hast, Angst, lautes Schreien machen Pferde nur unruhig, ebenso hastige Bewegungen und wilde Gestik. Also: Ruhiges Sprechen, Singen, ruhige Bewegungen, Körperkontakt mögen Pferde gern.

Bei Zuchtschauen zeigt sich, ob das Pferd gut erzogen ist. Das korrekte Führen sollte jeder Pferdeliebhaber erlernen – nicht zuletzt aus Gründen der eigenen Sicherheit.

Richtiges Herangehen an das Pferd

Niemals darf man sich dem Pferd von hinten nähern, ohne es ruhig anzusprechen, da es sonst erschrecken könnte und dann instinktiv reagiert.
Wenn wir zu einem Pferd gehen, sprechen wir mit ihm und halten ihm die flache Hand entgegen, damit es sie beriechen kann. Auch Leckerbissen werden auf der flachen Hand gereicht, damit nicht aus Versehen die Fingerspitzen mitgefressen werden!
Droht das Pferd, halten wir lieber gehörigen Abstand, sofern wir es noch nicht kennen.

Führen

Zum Führen benutzen wir immer ein Halfter und einen Strick, den wir in beiden Händen halten, denn auch das ruhigste Pferd kann erschrecken, und niemand vermag es dann am Halfter festzuhalten.
In der Regel führen wir ein Pferd von links und gehen neben ihm auf Schulterhöhe; das ist für den Führenden am sichersten.
Ist das Pferd gezäumt, so führen wir es, indem wir beide Zügel in die linke Hand nehmen und mit der rechten die Zügel unterhalb der Trensenringe mit Zeigefinger und Ringfinger teilen.
Beim Führen sollte man das Pferd nicht ansehen.

Es gibt keinen Grund, auch ein topfites Pferd nicht ein wenig grasen zu lassen.
Diese vorbildliche Aufmachung zeigt, wie überlegt die Pflegerin mit dem Pferd umgeht.
Kappzaum - Longe - Wärmebandagen - so kann wirklich nichts passieren.

Auf die Weide führen

Es ist besser, das Pferd erst dann loszulassen, wenn es wirklich auf der Weide ist, nicht schon im offenen Gatter!
Wir sollten immer zwei Pferde gemeinsam von der Weide holen. Man denke an den Herdentrieb: Ein Pferd allein würde nur ungern von den anderen weggehen.

Anbinden

Zum Anbinden muß immer ein Halfter mit Strick verwendet werden, auch wenn das Pferd aufgetrenst ist: Wenn Pferde erschrekken, wollen sie fliehen und reißen sich los. Daher darf man sie niemals an beweglichen oder schlecht befestigten Gegenständen wie Türklinken, Boxentüren oder losen Zaunpfählen anbinden, auch nicht für eine Minute! Es haben schon viele Pferde große Tore mit sich gerissen! Aus diesem Grunde darf man unter keinen Umständen ein Pferd an der Trense anbinden, auch wenn dies alle Cowboys in allen Wildwestfilmen tun! Das Pferd könnte sich furchtbare Verletzungen zufügen.
Man lasse ein angebundenes Pferd möglichst nicht allein stehen; lieber ist man vorsichtig.
Zum Anbinden benutzen wir den Strick mit **Panikhaken** und **Sicherheitsknoten**, damit man das Pferd notfalls sofort befreien kann.
Es ist auch vernünftig, **Lederhalfter** statt der bunten, unzerreißbaren Kunststoffhalfter zu verwenden, denn im Ernstfall ist ein zerrissenes Halfter besser als ein verletztes Pferd.
Weidepferde sollten kein Halfter tragen, da sie zu leicht damit hängenbleiben könnten.

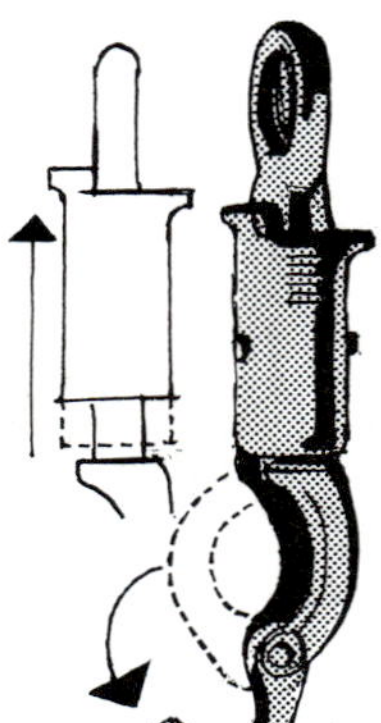

Anbinderiemen befestigt man am sichersten mit dem Panikhaken

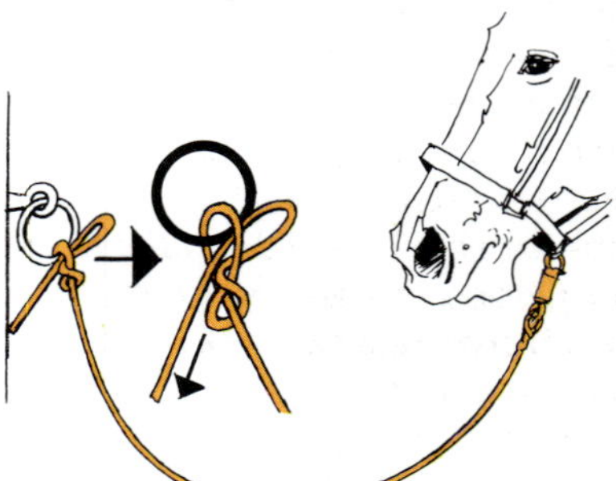

Korrekter Anbindeknoten

Aufheben der Hufe

Dazu stellen wir uns in Richtung Schweif dicht neben das jeweilige Bein und streichen mit der Hand von der Schulter bzw. Kruppe aus, erst außen und dann nach innen gleitend, hinunter bis zum Fesselgelenk und sagen »Fuß«. Die meisten Pferde kennen das und heben von allein brav das jeweils »angesprochene« Bein. Tun sie das nicht, klopft man leicht gegen das Gelenk und hebt den Huf nach hinten-oben hoch. Soll der Huf länger aufgehoben bleiben, stützt man ihn ab dem Fesselgelenk auf den Oberschenkel.
Die Hinterhufe hebt man, indem zugleich das Bein etwas nach hinten gezogen wird; so kann das Pferd auch nicht schlagen, denn dazu müßte es erst ausholen.

Normalerweise werden Hufe nicht ausgekratzt, wenn der Reiter im Sattel sitzt. Hier wird deutlich, wie vertrauensvoll und gelassen sich dieses Pferd trotz der Turnieratmosphäre verhält.

Fehler

▶ Die Hinterbeine werden zu hoch angehoben. Der Reiter soll in die Knie gehen.

Richtige Haltung beim Hufeauskratzen.

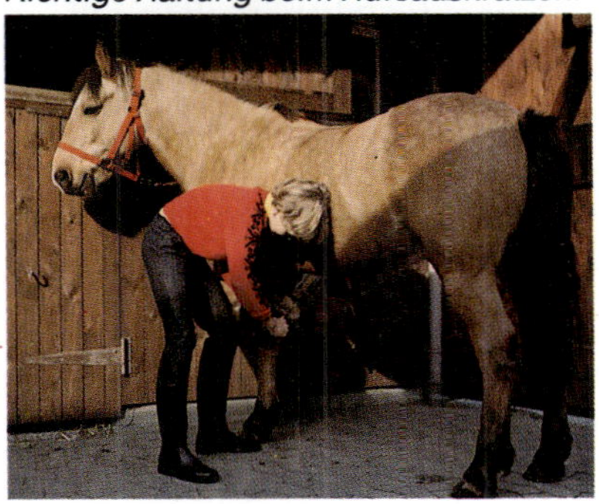

Putzutensilien sollte man nicht im Tränkebecken deponieren.

Reiten ist nur ein Teil der Freizeitbeschäftigung mit dem Pferd.

Pferdepflege ist genauso wichtig wie das Reiten; sie tut Pferd und Reiter gleich gut.

Das Pferd wird gründlich durchmassiert; dabei wird der Reiter nicht nur schön warm, sondern Pferdeputzen »richtig gemacht« ist schon fast eine Art Konditionstraining, abgesehen davon, daß man auf diese Weise engen Kontakt mit seinem Pferd hat und – ähnlich wie beim Autowaschen die Roststellen – kleine Verletzungen oder Hautkrankheiten sofort erkennt. Außerdem fühlt sich nach dem Putzen nicht nur das Pferd wohler, sondern es macht einfach Spaß, sein Pferd so gut gepflegt zu sehen. Schließlich ist es auch schöner, ein sauber geputztes Pferd zu reiten.

Pflege des Weidepferdes

Pferde, die auf die Weide gehen, sollten wenig gepflegt werden, da sie die **Fettschicht** der Haut als **Witterungsschutz** unbedingt brauchen. Man sollte sie nur bürsten und während des Haarwechsels mit einem Reformstriegel abstriegeln, damit die losen Haare entfernt werden. Fesselbehang, Schweif und Schopf dürfen auf keinen Fall beschnitten werden, denn sie schützen vor Nässe, Kälte und Fliegen. Um das Fell glänzend zu machen, z. B. vor einem Ausritt, kann man es mit einigen Tropfen Sonnenblumenöl auf einem Wolllappen abreiben.

Pflege des Stallpferdes

Stallpferde sind auf tägliche Pflege angewiesen, weil die natürliche Reinigung der Haut durch Witterungseinflüsse fehlt und kaum die Möglichkeiten des Wälzens, Scheuerns oder der gegenseitigen Fellpflege gegeben sind.

Daher muß der Mensch Reinigung und Massage übernehmen, und zwar vor dem Reiten, besonders aber auch nach dem Reiten, wenn das Pferd geschwitzt hat. Dabei ist es besonders wichtig, die Sattel- und Gurtlage gut zu pflegen, damit keine Druckstellen durch Schmutz und Schweiß entstehen.

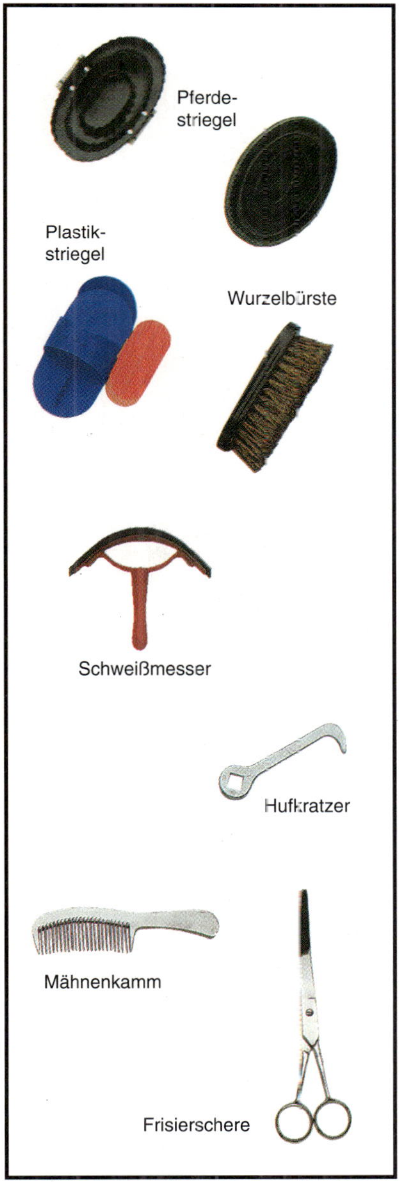

Ausgeglichen und ruhig sollen Pferde bei der Pflege stehen. Das ist der Fall, wenn sie fachgerecht betreut werden.

Hautpflege

Zum Putzen bringen wir das Pferd möglichst ins Freie, damit der Staub wegfliegen kann.
In der Regel beginnt die Pflege mit dem Ausräumen der Hufe in der Box; damit verhindern wir, daß beim Hinausführen die Stallgasse beschmutzt wird. Die Hufe werden vorsichtig mit einem stumpfen **Hufkratzer** von Mistresten befreit, ohne daß durch den Hufräumer Strahl und Strahlfurchen verletzt werden. (Mehr zur Hufpflege auf Seite 28.)
Nun bringen wir das Pferd nach draußen. Zunächst wird es gestriegelt, d. h. wir führen den **Metallstriegel** kreisförmig so kräftig über Hals und Rumpf, wie es dem Pferd angenehm ist. Kopf, Beine und alle knochigen Körperteile wie Widerrist und Hüften dürfen niemals mit

dem Metallstriegel bearbeitet werden. Auch **kitzelige Pferde** sollte man damit nicht striegeln, um sie nicht nervös zu machen und unnötig zu quälen.
Hin und wieder wird der Striegel auf dem Boden (nicht an den Wänden!) ausgeklopft, damit der Schmutz herausfällt.
Nach dem Striegeln bürsten wir das ganze Pferd mit der **Wurzelbürste** glatt. Nur der Kopf sollte nicht mit der harten Bürste bearbeitet werden, denn dort sind Pferde besonders empfindlich. Daher säubern wir ihn vorsichtig mit der **Kardätsche** und dem **Wolltuch**.
Nun beginnt das eigentliche Putzen: Das ganze Pferd wird mit der weichen Bürste abgebürstet, indem wir in Fellrichtung streichen und nach jedem Strich die Kardätsche am Striegel, den die andere Hand hält, abstreifen, damit Haar- und Fellteile aus der Bürste entfernt werden. Dieses Bürsten läßt man sich am besten einmal zeigen! Es dauert, je nach Verschmutzung, ziemlich lange, ist aber für das Pferd sehr angenehm, wenn man es gefühlvoll macht.
Augen, **Nüstern und After** werden mit dem jeweils dafür bestimmten Schwamm ausgewaschen.
Es ist besonders wichtig, solchen Pferden den After zu waschen, die sich den Schweif scheuern, denn das tun sie, wenn sie Würmer haben oder schlecht gepflegt sind.

Mähne und Schweif

Sie dürfen nur mit der Kardätsche gebürstet werden, da Kamm oder Wurzelbürste viel zu viele Haare ausreißen würden. Den Schweif bürsten wir, indem wir mit der linken Hand alle Haare zusammenfassen und festhalten und dann mit der Bürste von unten nach oben gehen. Von unten nach oben deshalb, weil die Haare unten meistens verklebt sind. Hält man sie oben fest und bürstet nach unten, reißt man leicht zu viele Haare aus. In der warmen Jahreszeit dürfen die Langhaare ab und zu mit einem rückfettenden Shampoo gewaschen werden, sonst sollten wir sie nur gründlich bürsten.
Mähne und Schweif können bei Stallpferden frisiert werden. Dazu wird die Mähne »verzogen«, indem mit Hilfe des **Mähnenkammes** die langen Haare ausgezupft werden. Die Mähne soll nicht geschnitten werden, das gibt mit Sicherheit »Treppen« und sieht sehr unnatürlich aus.
Die seitlich überstehenden Schweifhaare werden am Ansatz seitlich entweder verzogen (wie die Mähne) oder geradegeschnitten. Dazu verwendet man eine **gebogene Schere**,damit das Pferd nicht verletzt werden kann. Auch sollte man die Schweifrübe danach einfetten, damit die Haarstoppeln nicht so kitzeln. Auch die Länge des Schweifs wird durch einen

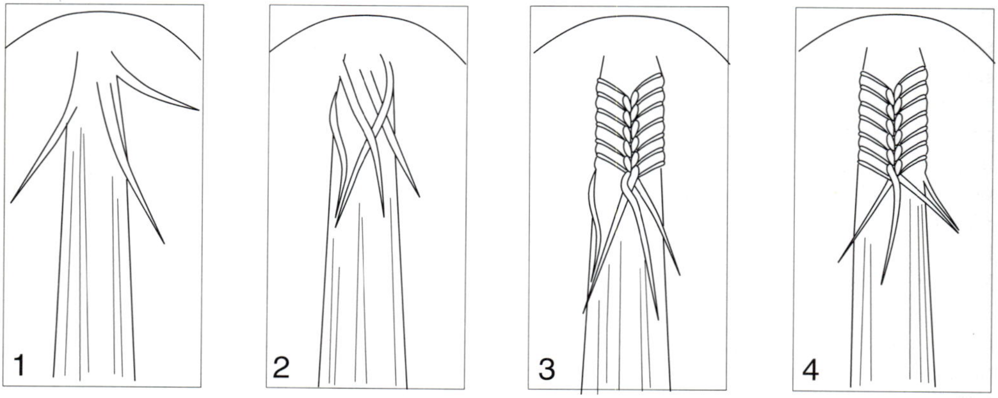

Zwar setzt diese Art des Schweifeinflechtens etwas Übung voraus, doch sollte man keine Mühe scheuen, sein Pferd für ein Turnier entsprechend herauszuputzen.

Schnitt bestimmt. Dazu bürsten wir den Schweif gut durch, fassen von der Schweifrübe aus alle Haare zusammen und führen die Hand nach unten. Nun schneiden wir zum Pferd hin schräg nach oben etwa in Höhe der Fesselgelenke die Haarspitzen ab. Die Schräge wird durch die Schweifhaltung in der Bewegung ausgeglichen.
Wenn man viel Zeit hat, kann man den Schweif »verlesen«. Dazu nimmt man ihn in die linke Hand und »liest« mit der rechten vorsichtig jedes einzelne Haar heraus. Das dauert zwar recht lange, dafür wirkt der Schweif nachher sehr füllig und seidig.
Weidepferde, Ponys und Araber werden kaum frisiert.

Hufpflege

Sie ist besonders wichtig für das Wohlbefinden und die Arbeitsleistung des Pferdes.

Der Huf muß alle 4–8 Wochen vom Schmied beschnitten und gegebenenfalls beschlagen werden, da das nachwachsende Horn sonst unregelmäßig abgenutzt würde oder zu lang wüchse.

Zu beachten ist außerdem, daß das Horn unterschiedlich schnell wächst.
Die Hufe müssen häufig ausgeräumt werden, denn im feuchten Mist fault der **Strahl** leicht. Das erkennt man daran, daß er schlecht riechende, weiche Schrumpeln und Risse hat und die Furchen sehr tief werden. Der Strahlfäule

beugen wir vor, indem wir die Hufsohle von Zeit zu Zeit desinfizieren. Bei Stallpferden sollten wir die Hufe möglichst täglich waschen und ab und zu mit Lorbeerfett einfetten. Das **Fetten** ist besonders wichtig am Kronrand und unterhalb der Ballen, weil von dort das Horn nachwächst.
Manchmal sieht man Reiter, die die Hufe ihrer Pferde mit Drahtbürsten bearbeiten. Dieses Gerät gehört nicht in den Putzkorb – ihre eigenen Fingernägel würden diese Leute nicht so behandeln!
Die Hufe von Weidepferden können je nach Witterung auch mit Holzteer und Fett gepflegt werden. Jedenfalls ist es wichtig, sie regelmäßig auf **Fremdkörper** hin zu kontrollieren.

Waschen

Faule Pfleger waschen ihre Pferde, statt sie zu putzen – im Sommer aber darf man ein Stallpferd hin und wieder naß abspritzen, sofern es damit einverstanden ist. Manche Pferde mögen das **Abspritzen** nach der Arbeit gern, andere wie-

Dieses Pferd empfindet die kühle Dusche als angenehm.

der sind ausgesprochen wasserscheu – danach sollten wir uns (und den Druck des Wasserstrahls) ruhig ein wenig richten!
Das Waschen mit Shampoo ist bedenklich, da es die natürliche Hautfunktion stört.
Nach dem Waschen zieht man das Wasser mit dem **Schweißmesser** ab, doch Vorsicht bei den knochigen Körperteilen! Anschließend muß das Pferd unbedingt so lange geführt werden, bis es trocken ist!
Vielleicht sollten wir statt des Waschens lieber einige Ritte im warmen Sommerregen unternehmen? Erstens ist reiten im Regen ein Vergnügen, und zweitens ist Regen natürlicher als ein kalter Wasserstrahl und Haarwaschmittel.
Haben die Pferde beim Reiten stark geschwitzt, kann man sie auch mit einem feuchten Schwamm »**abschwammen**«. Das ist besonders wichtig in der Sattel- und Gurtlage, am Kopf, hinter den Ohren und zwischen den Hinterbeinen. Auch danach spazierengehen, bis das Fell trocken ist. (Das Pferd mit Stroh abtrocknen zu wollen ist vergeblich, denn Stroh saugt die Feuchtigkeit nicht auf.)
Das Abspritzen der Beine ist auf jeden Fall zu empfehlen, da es die Sehnen massiert und kühlt. Danach sollten wir unbedingt die Fesselbeuge mit einem Tuch trocknen, damit keine Mauke entsteht.
Wir schließen das Putzen ab, indem wir das ganze Pferd mit einem Wolltuch »polieren«; das entfernt Staubreste und verleiht dem Ganzen den letzten Glanz.

Abschließend noch ein Satz zum Staubsauger: Damit geht das Putzen natürlich schneller, es ist aber unnatürlich und unpersönlich. Wer sich ein Pferd hält, sollte sich auch das Vergnügen gönnen, es auf natürliche Art zu pflegen! Es ist auch Muskeltraining für Reiter und Pferd.

Das Wälzen ist auch Ausdruck des Wohlbefindens.

Der Stall

Wir haben die natürlichen Verhaltensweisen des Pferdes kennengelernt und wissen, daß die Stallhaltung ein notwendiges Übel ist und bleibt, zumal die meisten Ställe eher aus der Sicht der rationell denkenden Menschen geplant sind, als daß sie sich an den Bedürfnissen des Pferdes orientieren.

Der ideale Stall ist hoch, hell, luftig, trocken und kühl und ermöglicht dem Pferd wenigstens einen kleinen Auslauf.

Die Pferde sollen in geräumigen **Boxen** oder **Laufställen** untergebracht sein mit **Fenstern,** aus denen die Tiere hinausschauen können. Das verhindert Langeweile und beugt Erkrankungen der Atemwege vor.

Auf jeden Fall müssen sich die Pferde im Stall sehen können, d. h. Boxen, die seitlich hoch geschlossen sind und jeden Nachbarkontakt unmöglich machen, sind nicht pferdegerecht.

Abzulehnen ist das Anbinden in **Ständern** – es ist nicht nur gefährlich, sondern widerspricht jeder artgerechten Haltung.

Laufställe dagegen kommen dem natürlichen Bedürfnis des Pferdes nach Kontakt mit den Artgenossen entgegen, sie sind aber für Sport-

Die artgemäße Offenstallhaltung wird immer beliebter. Die Pferde danken uns dafür mit robuster Gesundheit und nervlicher Ausgeglichenheit.

pferde nicht geeignet (zuviel Unruhe, Verletzungsgefahr). Freizeitpferde, die wenig Bewegung bekommen und viel allein sind, sollte man jedoch in Laufställen unterbringen. Vorher muß man aber herausfinden, wie sich die einzelnen Tiere vertragen, und daran denken, immer eine gerade Anzahl von Pferden gemeinsam unterzubringen (Sozialverhalten!). Laufställe machen zwar mehr Arbeit, sie sind aber pferdegerechter.
Pferdegerecht, aber arbeitsintensiv ist auch die meist übliche **Matratzenstreu** aus Stroh: Man entfernt nur die Äpfel und sehr nasses Stroh und streut frisches darüber. Schließlich bildet sich eine saugfähige Matratze, deren unterste Lage aus feuchtem Mist besteht, deren obere Schicht jedoch frisch und sauber ist. Diese Streu hat nicht nur den Vorteil, warm und trocken zu sein, sondern die Pferde haben auch ständig etwas zu knabbern. Stehen sie dagegen auf Torf oder Sägemehl, ist die Langeweile unerträglich, es sei denn, sie erhalten ständig Rauhfutter (Heunetz aufhängen). So gesehen sind auch künstliche Stallböden bedenklich, da sie allein menschlichen Bedürfnissen gerecht werden.

Es ist selbstverständlich, daß die Streu mehrmals täglich gepflegt wird. Schlecht riechendes, faules Stroh gehört nicht in den Stall, sondern auf den Misthaufen! Und schließlich: Warmen Stallmief mögen nur wir Menschen, Pferde werden davon krank.

Robusthaltung

Robustpferde (Ponys, Haflinger) können das ganze Jahr über draußen bleiben, sofern sie einen **Unterstand** haben, der sie vor Wind, Nässe und Insekten schützt.
Der Eingang muß windgeschützt und das Innere des Offenstalles trocken sein.

Gesunde Aufzucht! Pferde gehören bei jedem Wetter auf die Weide. ▷

Tränken

In fast allen Ställen gibt es heute automatische Tränken. Diese ersparen uns zwar das Schleppen der Wassereimer und ermöglichen dem Pferd zu trinken, wann und soviel es will, das Problem »Wasser« ist damit aber noch lange nicht erledigt. Diese Tränken müssen nämlich täglich kontrolliert und gepflegt werden, sonst riechen sie moderig und sind ein Sammelbecken für Bakterien.
Pferde sind hinsichtlich des Trinkens sehr anspruchsvoll; sie brauchen für ihr Wohlbefinden reines, frisches Wasser.
Das Tränken aus dem Eimer ist zwar kraft- und zeitaufwendig, aber auf diese Weise kann man kontrollieren, wieviel das Pferd trinkt, und außerdem ist das Wasser unter Umständen sauberer als in einer ungepflegten Selbsttränke.
Kranke Pferde sollte man auf jeden Fall aus dem Eimer tränken, damit eine Rückinfektion durch die Selbsttränke verhindert wird.
Ideal wäre ein Brunnen am Stall, zu dem die Pferde zum Trinken geführt werden. Das wäre auch eine zusätzliche Gelegenheit für das Pferd, die Box hin und wieder zu verlassen.

Futter

Pferde fressen in der Freiheit ständig kleine Mengen leicht verdaulichen Futters. Daher haben sie einen kleinen Magen und einen empfindlichen Darm.
Im Stall erhalten sie Futter konzen-

triert in Form von **Hafer** oder einem Gemisch aus Hafer und **Mischfutter** (Kraftfutter). Das Volumen des Futters wird durch **Heufütterung** (Rauhfutter) erzielt. Selbstverständlich darf nur allerbestes Heu verwendet werden; es sollte gut aufgeschüttelt und leicht angefeuchtet gereicht werden, da es dann weniger staubt und die meisten Pferde ohnehin lieber feuchtes Futter mögen – schließlich ist Gras auch stark wasserhaltig.
Die Fütterung von **Pellets** (»Allein«- oder Fertigfutter) ist teilweise umstritten; man kann sie wegen ihres Mineralgehalts als Beifutter verwenden, aber nicht als Heuersatz, da sie zu wenig Volumen haben. Das Pferd bekommt zwar genügend Kalorien, verspürt aber ein ständiges Leeregefühl im Magen. Die Pellets müssen möglichst groß sein; als »Briketts« sind sie am bekömmlichsten.

Tip

- Die Pferde müssen so oft wie möglich gefüttert werden, mindestens aber dreimal täglich zu festgesetzten Zeiten; das ist für die Gesundheit des Magen-Darmtraktes von großer Bedeutung. Während der Futterzeit hat Ruhe im Stall zu herrschen. Nach dem Füttern den Pferden mindestens eine Stunde Zeit zum Verdauen lassen, bevor man reitet.

Die Fütterungsmenge richtet sich nach dem individuellen Bedarf des einzelnen Tieres.

Wichtig

- Nicht zuviel Kraftfutter geben, wenn das Pferd nicht bewegt werden kann; es besteht die Gefahr von Hufrehe oder Kreuzverschlag. Pferde, die stehen müssen, sind zufriedener, wenn sie mehr Heu bekommen, dann sind sie nämlich beschäftigt.

Weidepferde erhalten Zusatzfutter in Form von Kraftfutter oder Heu, wenn die Weide nicht ausreicht oder wenn sie regelmäßig arbeiten müssen.
Salzlecksteine sind sowohl für Stall- als auch für Weidepferde wichtig, da sie den Mineralhaushalt des Körpers ergänzen.

Zusatzfutter

Leckerbissen in Form von Brot, Obst, Möhren, ab und zu ein Ei und Vitaminwürfel (statt Zucker) sind eine willkommene Abwechslung und Ergänzung. Aber: Das Pferd ist kein Mülleimer; schimmeliges Futter macht krank! Kein geschnittenes Rasengras füttern! Ab und zu kann man Birken-, Buchen-, Ebereschen-, Eichen-, Fichten-, Roßkastanien- oder Tannenzweige zum Knabbern geben, weil darin ätheri-

Giftpflanzen
1 Eibe
2 Christrose
3 Wolfsmilch
4 Lebensbaum
5 Hahnenfuß
6 Herbstzeitlose
7 Buchsbaum
8 Fingerhut
9 Schierling

sche Öle, Bitter- und Gerbstoffe enthalten sind. (Vorsicht mit giftigen Pflanzen!) Keine plötzlichen Futterveränderungen, aber eine kleine Abwechslung ist auch für Pferde appetitanregend.

Mash

Einmal in der Woche sollte auch ein Pferd eine warme Mahlzeit bekommen – das können wir ruhig den Engländern nachmachen.

Rezept für Mash
Eine große Tasse Leinsamen wird in reichlich Wasser eingeweicht, 24 Stunden stehenlassen. Danach aufkochen (Vorsicht, brennt leicht an). Sobald sich die erste Blase zeigt, etwas kaltes Wasser zufügen und das Ganze nochmals aufkochen. Anschließend wird es mit Kleie, etwas Hafer und eventuell ein wenig warmem Wasser zu einem dicken Brei aufgerührt. Warm füttern.

Futterverweigerung

Jede Art von Unbehagen wird von sensiblen Pferden durch Ablehnen des Futters angezeigt, z. B. psychische Unruhe, physische Überforderung, fieberhafte Erkrankungen, Zahnerkrankungen. Wenn selbst Mash, Kleie in Wasser angerührt, Leckerbissen, Möhren oder Äpfel nicht aufgenommen werden, sollte man sofort den Tierarzt rufen.

Der gute Reitstall

Die Frage nach einem guten Reitstall ist für das Reitenlernen von größter Bedeutung. Auch ohne fachliche Vorkenntnisse kann man sich mit Hilfe einiger Anhaltspunkte orientieren. Besuchen wir den einen oder anderen Stall mehrmals und beobachten wir genau. Lassen wir uns dabei ruhig von unserem Gefühl für Atmosphäre leiten.

- Ein guter Stall ist hell, gepflegt und sauber.
- Die Pferde sind wohlgenährt und ruhig, sehen zufrieden aus und wohnen in gut eingestreuten Boxen.
- Es gibt eine Halle von mindestens 20 × 40 Meter Größe, einen Außenplatz und Gelände zum Ausreiten.
- Es gibt Voltigierunterricht.
- Die Schulpferde arbeiten höchstens drei, in Ausnahmefällen vier Stunden täglich.
- Die Abteilungen umfassen höchstens je acht Reiter.

Nicht das Kasino, sondern das Klima ist das wichtigste an einem guten Reitstall. Er steht und fällt mit einem guten Lehrer und guten Schulpferden. Ein Schulpferd zu reiten, von dem man weiß, daß es

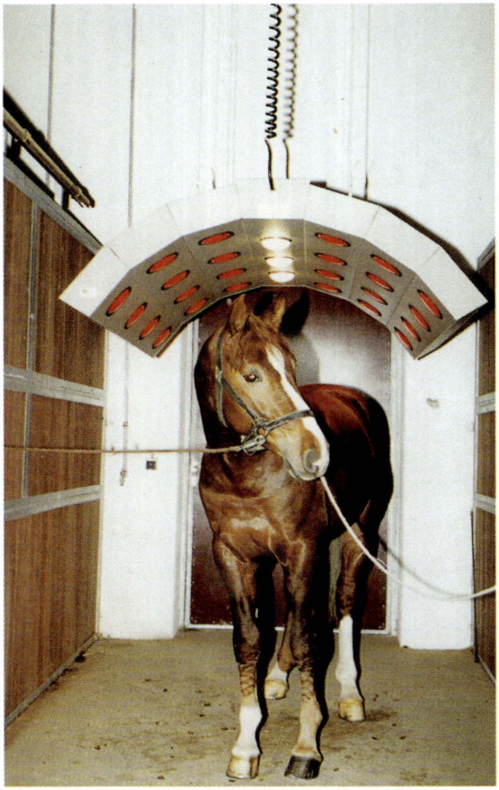

Solarien gehören inzwischen in vielen Ställen zur Ausstattung.
Die Pferde fühlen sich wohl und entspannen sich – besonders vor dem Reiten zu empfehlen, da sich viele reiterliche Probleme damit lösen.

sechs Stunden am Tag laufen muß, ist bezahlte Tierquälerei. Ein Reitstallbesitzer, der Pferde an jeden x-beliebigen Kunden verleiht, ist ein Tierquäler. Das muß leider einmal ganz hart gesagt werden.
Reiten heißt Verantwortung übernehmen für ein Lebewesen, das uns zur Ausübung dieser Sportart dienen soll. Reiten lernen dauert lange und kostet Geduld, Mühe, Mut und Disziplin. Also lieber einen weiteren Weg in Kauf nehmen und den richtigen Stall finden, als den bequemeren Weg zu irgendeinem Pferdevermieter wählen!

Der Reitlehrer

Der gute Reitlehrer muß eine entsprechende Prüfung abgelegt haben, darüber hinaus sollte er über pädagogische und psychologische Grundkenntnisse verfügen.
Er sollte sich klar und verständlich ausdrücken können – schreien gehört nicht dazu!

Je nach Größe und Anlage eines Reitbetriebes begegnet der Schüler verschiedenen Lehrern:

dem Amateurausbilder:
- Übungsleiter
- Reitwart
- Amateurreitlehrer

dem Berufsreiter:
- Bereiter FN
- Reitlehrer FN

Reitlehrer sein ist bestimmt nicht angenehm, denn reiten lernt man eben nicht wie Auto fahren! Gerade deshalb muß der Reitlehrer viel Geduld und Konsequenz mitbringen. Auch sollte er immer bereit sein, zu erklären – und vor allem gestatten, daß sich seine Schüler auch außerhalb der Reitstunde mit den Pferden befassen, denn der Umgang mit ihnen ist, wie wir gesehen haben, genauso wichtig wie das Reiten selbst.

- Der Reitlehrer teilt Abteilungen in Leistungsgruppen ein.
- Er unterrichtet abwechslungsreich.
- Er nimmt Anfänger erst einige Stunden an die Longe (s. S. 61).
- Er kontrolliert vor Beginn der Stunde Sattelung und Zäumung.
- Er unterrichtet intensiv, aber nicht explosiv.
- Er ist weder jähzornig noch ungerecht im Umgang mit den Pferden.
- Seine Schüler nehmen eventuell an kleinen Turnieren teil.

Wann ist ein Reitlehrer gut? Wenn der Schüler die Freude am Reiten behält und er sich – trotz unausbleiblicher Enttäuschungen – stets auf die nächste Stunde freut, und wenn der Lehrer dem Schüler ein menschliches und sportliches Vorbild ist.

Das Schulpferd

Ohne Frage ist das ältere und gut ausgebildete Reitpferd immer der beste Lehrmeister. Der gute Charakter, die Gesundheit und die gute Grundausbildung eines Schulpferdes sind wichtiger als dessen Schönheit. Es soll brav sein, weiche Bewegungen haben, nicht zu faul, im Gelände sicher, umgänglich und »stallfromm« sein.
Schulpferde sind harte Arbeiter mit einer geduldigen Seele. Sie sind Kummer mit ihren Anfängern gewohnt und bedürfen besonderer Liebe und Pflege.

Der Reiter

Reiter kommt von Ritter. Die Tugenden des Ritters – Höflichkeit, Bescheidenheit und Mut – sollten auch die Tugenden des Reiters sein.

Reiten heißt sich bewähren an einem anderen Lebewesen. Das verlangt eine ständige Überprüfung der eigenen Person.

Nicht das Pferd macht die Fehler, sondern der Reiter – jedenfalls meistens!

Daß man reitet, braucht nicht dokumentiert zu werden, indem man sporenrasselnd über die Straße geht – Sporen trägt man nur, solange man auf dem Pferd sitzt, und auch dann nur, wenn es unbedingt nötig ist.
Nicht von ungefähr gibt es Auseinandersetzungen zwischen Spaziergängern und »Herrenreitern«, die, durch Matsch und Pfützen galoppierend, alle anderen Lebewesen ringsumher in Schrecken versetzen! Der »richtige« Reiter dagegen versetzt sich ständig sowohl in sein Pferd, seine Mitreiter als auch in die zu Fuß gehenden Mitmenschen. Dann verfügt er vielleicht

über das, was man »**Reitertakt**« nennt.
Reitertakt wird aber weder durch Alkoholkonsum erworben noch durch Beschimpfen des Pferdes als »sturer Bock« oder »alte Krükke«; es hat ihn auch sicherlich nicht, wer seinen Gaul »mal ordentlich zusammenstaucht« oder die Schuld beim Reitlehrer sucht.
Die besten Tugenden des Reiters sind Geduld und Bescheidenheit; er genießt auch kleine Freuden und Fortschritte, ist hilfsbereit und kümmert sich mehr um sein Pferd als um seine Zuschauer. Er benutzt die Überlegenheit seines Verstandes dazu, gegebenenfalls seine eigenen Bedürfnisse hinter die des Pferdes zu stellen, um ihm gerecht zu werden.

Das Reiten im Gelände – hier unterwegs in Irland – ist für Pferde und Reiter ein besonderes Erlebnis. Alle Pferde lieben Ausritte, da sie sich dabei ihrem natürlichen Bewegungsdrang entsprechend verhalten können.

Anfänger in der Reitbahn

Reiten in der Abteilung
Dies bildet den sinnvollen Übergang von der Ausbildung an der Longe zum Einzelreiten.
Ist der Anfänger an der Longe sicher genug geworden und hat er gelernt, aktiv auf sein Pferd einzuwirken, so wird ihn der Reitlehrer in eine Anfängerabteilung aufnehmen. Das ist für den Reiter die einfachste Art, hinter einem geübten Anfangsreiter das Gelernte zu erproben und einigermaßen selbständig anzuwenden, denn in der Abteilung gehen die Schulpferde – dem Herdentrieb und der Stimme des Reitlehrers folgend – ruhig und gleichmäßig hintereinander her. Der Reiter hat daher durchaus noch die Möglichkeit, zwischendurch einmal passiv zu sein und sich auf den Sitz zu konzentrieren. Beim Reiten in der Abteilung lernt der Anfänger sein Pferd zu führen und zu regulieren, so daß er den Sicherheitsabstand zum Vordermann einhalten kann und sein Pferd die verschiedenen Hufschlagfiguren korrekt ausführt.

Einzelreiten
Hat der Reiter auch in dieser Gruppierung einige Sicherheit gewonnen (ohne daß der Sitz gelitten hat), läßt ihn der Reitlehrer Einzelaufgaben ausführen. Jetzt wird eine präzise Hilfengebung notwendig und damit die Selbständigkeit des Reiters geprüft und gefördert. Das Beherrschen des Einzelreitens ist die Voraussetzung für den ersten Ritt ins Gelände.

Aufbau einer Reitstunde

Die Reitstunde gliedert sich im allgemeinen in drei Abschnitte von je 20 Minuten:

1. Lösungs- und Vorbereitungsphase
2. Arbeitsphase
3. Nachbereitungs- und Entspannungsphase.

Zu 1: Lösungs- und Lockerungsübungen für Reiter und Pferd: Schritt am langen Zügel, Leichttraben, große Wendungen reiten, Tempounterschiede.
Nachgurten nicht vergessen!
Zu 2: Erlernen neuer Lektionen, Übungen zum Verbessern und Verfeinern der Hilfengebung.
Einlegen einer kurzen Erholungsphase vor dem Ende der Arbeitsphase, bevor sie mit einer Übung beendet wird, die Pferd und Reiter gut gemacht haben, denn jede Stunde sollte mit einem Erfolgserlebnis (für beide) abgeschlossen werden.
Zu 3: Zügel aus der Hand kauen lassen, Pferd loben, Schritt reiten, möglichst im Gelände spazierenreiten oder -führen.
Nach dem Absitzen Gurt lockern, Bügel hochziehen, Pferd versorgen.

Die Reitbahn

Die Reitbahn ist ein offenes oder überdachtes Rechteck von 20 × 40 oder 20 × 60 Metern mit zwei langen und zwei kurzen Seiten.
Die äußere Begrenzung der Reitbahn nennt man **Bande**. Entlang der Bande verläuft der **Hufschlag**, der sich meist als ausgetretene Rinne erkennen läßt. Ca. 1 1/2 Meter daneben liegt der zweite Hufschlag.

- **Innen** ist die dem Inneren der Bahn zugekehrte Seite.
- **Außen** ist die der Bande zugekehrte Seite.
- Reitet man auf der **rechten Hand**, so reitet man rechts herum.
- Reitet man auf der **linken Hand**, so reitet man links herum.
- Die Reitbahn ist aufgeteilt und bezeichnet durch verschiedene **Punkte** oder **Buchstaben**, die auch die Markierungspunkte für die Hufschlagfiguren darstellen.

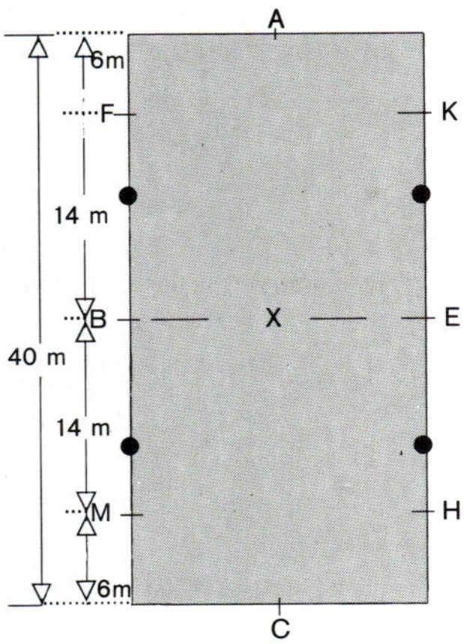

◁ ● = *Zirkelpunkte*
F – K – M – H = *Wechselpunkte*

Bahnregeln

In der Reitbahn gelten ganz bestimmte Regeln, die für die Sicherheit von Reitern und Pferden wichtig sind:

- Betritt man die Bahn oder verläßt man sie, ruft man »Tür frei« und wartet ein »ist frei« ab.
- Auf- und abgesessen wird in der Mitte des Zirkels.
- Im Schritt läßt man immer den Hufschlag frei, außer es wird Abteilung geritten.
- Grundsätzlich hat »Vorfahrt«, wer auf der linken Hand reitet.
- Sind viele Reiter in der Bahn, ist es besser, wenn alle auf der gleichen Hand reiten. Dann bittet der Reitlehrer oder der älteste Reiter ca. alle 5 Minuten um Handwechsel.
- Auch in der Reitbahn gelten Sicherheits- und Höflichkeitsregeln, etwa wie beim Skifahren:
  - Rücksicht, Vorsicht, Nachsicht.
  - Rücksicht nehmen auf junge Pferde und unerfahrene Reiter: Der geübte Reiter kann sein Pferd besser kontrollieren als der Anfänger.
  - Immer genügend Abstand zum Vordermann halten.
  - Immer genügend seitlichen Abstand halten.

Man unterscheidet folgende Hufschlagfiguren:

- **Ganze Bahn:** CMBFAKEH (rechte Hand)
- **Halbe Bahn:** CMBXEH (rechte Hand)
- **Lange Seite:** MF oder KH (rechte Hand)
- **Kurze Seite:** Beiderseits C oder beiderseits A
- **Mittellinie** (Länge der Bahn): CXA oder AXC
- **Wechsellinie, durch die ganze Bahn:** MXK oder FXH
- **Wechsellinie durch die halbe Bahn:** ME oder FE oder KB oder HB
- **Mittelpunkt der Bahn:** X
- **Zirkel:** Er ist ein Kreis von 20 m Durchmesser. Die Zirkelpunkte, die der Reiter für die Dauer einer Pferdelänge berühren muß, liegen beim Reiten auf der rechten Hand bei C, auf der Mitte zwischen der Ecke nach C und B (10 m), bei X und auf der Mitte zwischen E und der Ecke vor H (10 m).
  Der zweite Zirkel liegt zwischen A und X sinngemäß.
- **Aus dem Zirkel wechseln:** Nach Vollendung eines Zirkels reitet der Reiter durch den Punkt X und kommt zwangsläufig auf den zweiten Zirkel.
- **Durch den Zirkel wechseln:** Hier wendet der Reiter am Zirkelpunkt an der langen Seite in einem Kreisbogen von 10 m Durchmesser ab, durchreitet den Mittelpunkt des Zirkels und kehrt auf einem Kreisbogen von 10 m Durchmesser auf die Zirkellinie zurück.
- **Wechselpunkte** sind die Punkte M, F, K und H.
- **Einfache Schlangenlinie:** Sie ist eine gleichmäßig gebogene Linie entlang der langen Seite, die sich maximal 6 Schritt (ca. 5 m) von der langen Seite entfernt. Sie beginnt beim ersten Wechselpunkt und endet beim folgenden Wechselpunkt der langen Seite.
- **Doppelte Schlangenlinie:** Sie wird an der langen Seite ausgeführt und entfernt sich zweimal bis zu maximal 3 Schritt von der langen Seite. Sie beginnt am ersten Wechselpunkt der langen Seite, berührt bei B bzw. E mit einer Pferdelänge den Hufschlag und endet beim folgenden Wechselpunkt. Beide Bogen müssen gleichmäßig sein.
- **Schlangenlinien durch die ganze Bahn:** Hier kann die Zahl der Bogen vorgeschrieben werden. Bei z.B. fünf Bogen muß der Reiter den Hufschlag der langen Seiten außer an den beiden Wechselpunkten dreimal, jeweils mit einer Pferdelänge, berühren.
- **Volte:** Sie ist ein Kreis von 6 Schritt (ca. 5 m) Durchmesser.
- **Aus der Ecke kehrt:** Dies ist eine Wendung, die bis zur Hälfte wie eine Volte von 6 Schritt (ca. 5 m) geritten wird und nach ca. 9 Schritt zur langen Seite hin endet.
- **Doppelvolte:** Eine Volte, die zweimal hintereinander ausgeführt wird.
- **Acht:** Eine Volte auf der rechten (linken) Hand, der sich sofort eine Volte auf der linken (rechten) Hand anschließt. Sie wird immer im Mittelpunkt der Bahn, bei X, ausgeführt.

Abb. 1

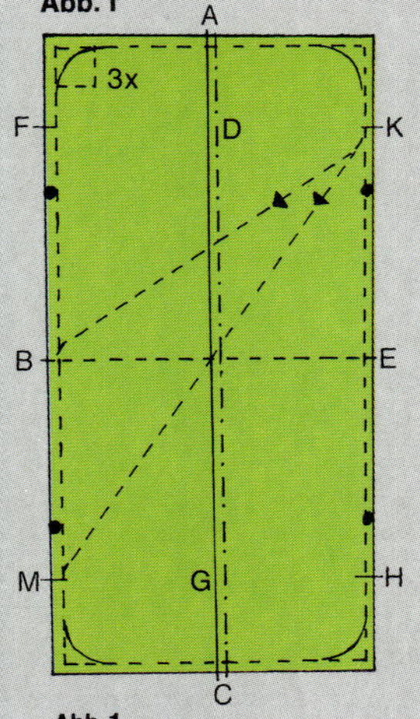

Abb. 2

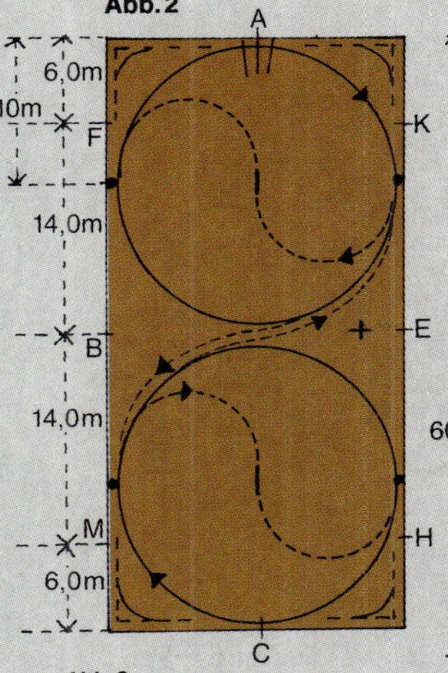

Abb. 3

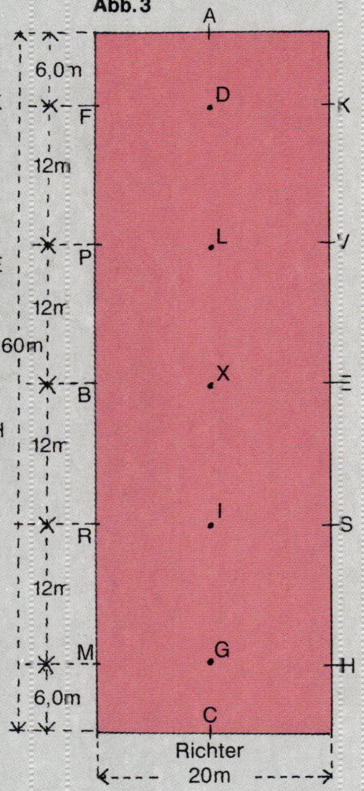

Abb. 1

- ABCEA = Ganze Bahn
- ABEA = Halbe Bahn
- AXC = Mittellinie
- – · – = Grundlinie
- – = Wechselpunkte
- – – – = Wechsellinien: KB durch die halbe Bahn, KM durch die ganze Bahn
- = Ecken (¼ Volte)

Abb. 2

- · = Zirkelpunkte
- KXM, MXK" } = Aus den Zirkeln wechseln
- ∿ = Durch die Zirkel wechseln (in beiden Lektionen von der rechten zur linken Hand)

Abb. 3 = Dressurviereck 20 × 60 m

Abb. 4

- ··· = Dreifache Schlangenlinie
- —— = Schlangenlinie durch die Bahn – 4 Bogen
- – · – = Durch die Länge d. Bahn *wechseln*
- —— = Durch die Länge der Bahn *geritten*

Abb. 5

- – – – = Doppelte und einfache Schlangenlinie an der langen Wand
- —— = Schlangenlinie durch die Bahn – 5 Bogen

Abb. 6

- 1 = Aus der Ecke kehrt
- 2 = Eine Volte
- 3 = Wendung linksum in der Bahn
- 4 = Die Acht

Abb. 4

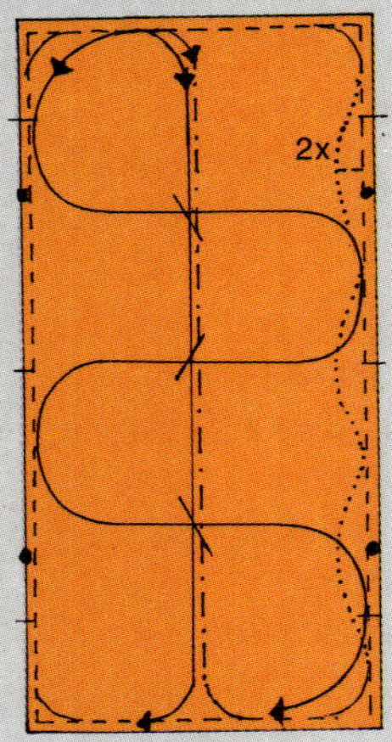

Abb. 5

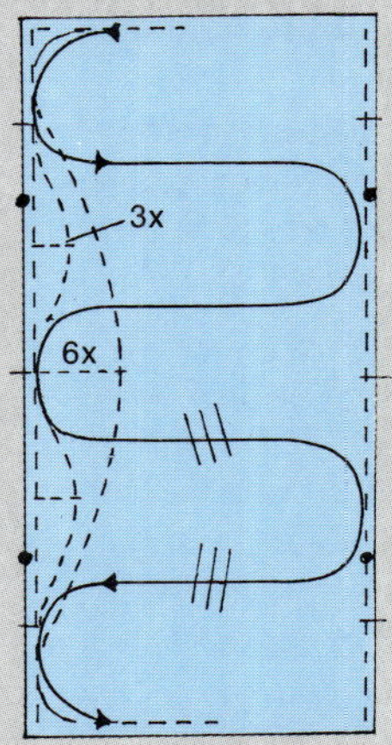

Abb. 6

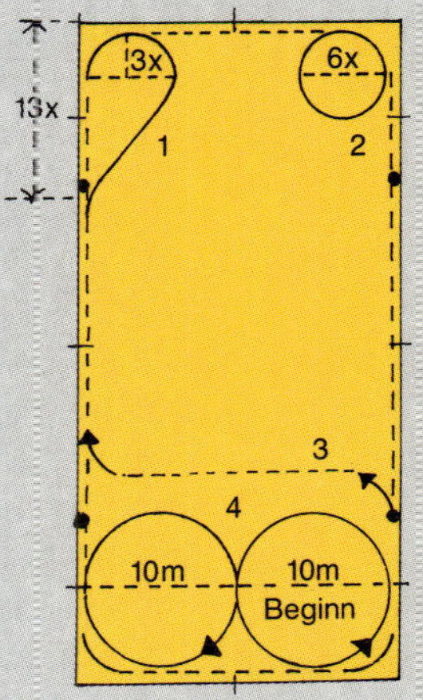

Die Ausrüstung des Pferdes

Sie soll in erster Linie zweckmäßig und einfach sein.
Altes, gut gepflegtes Lederzeug ist besser als neues, weil es weicher und schmiegsamer ist. Braucht man neues Sattelzeug, so ist es sicherer, Markenartikel zu kaufen als billige Importware, denn von der Qualität des Materials hängen Sicherheit und Haltbarkeit ab. Daher auch immer wieder Zügel und Steigbügelriemen kontrollieren und das Lederzeug täglich mit Sat-

Pferd
1 Zaumzeug mit kombiniertem Reithalfter
2 Martingal (lang genug verschnallt)
3 Vorderzeug
4 Vielseitigkeitssattel
5 Ledergamaschen

Reiter
6 Sturzhelm (für das Gelände unerläßlich)
7 Sportliche Bluse
8 Reithose
9 Reitstiefel
10 Sporen
11 Handschuhe

telseife und einmal wöchentlich mit Lederöl pflegen! Nasses Leder muß langsam trocknen und anschließend gut gefettet werden. Die Beschaffenheit und individuelle Anpassung von Sattel und Zaumzeug sind von großer Bedeutung für Pferd und Reiter:

Von der richtigen Sattelung und Zäumung hängt es ab, ob sich das Pferd wohl fühlt; es darf nirgends durch einen schlechtsitzenden Sattel oder Zaum Schmerz auftreten.

Sattel

Vorerst kommt für die Reitausbildung ein **Vielseitigkeitssattel** in Frage. Damit kann man sowohl dressurreiten als auch springen. Dieser Sattel gibt dem Anfänger beim dressurmäßigen Reiten genügend Halt und Sicherheit am Knie.
Ein Sattel muß waagerecht auf dem Pferderücken aufliegen und so gut gepolstert sein, daß er nicht in der Kammer am Widerrist aufliegt – andernfalls gibt es mit Sicherheit **Satteldruck**, der schmerzhaft ist und langwierig ausheilt. Entscheidend für Sitz und Einwirkung beim Dressurreiten ist, daß der tiefste Punkt der Sitzfläche in der Mitte des Sattels liegt.

Satteldecke

Als Unterlage verwendet man eine Satteldecke, die den Schweiß aufsaugen soll. Die Satteldecke ist der Form des Sattels angepaßt und wird mit Lederschlaufen an den Strupfen befestigt.
Als Sattelunterlage eignen sich **Filzdecken**, deren Unterseite aber regelmäßig abgestriegelt und gebürstet werden muß, damit sie nicht durch Schmutz und Schweiß hart wird.
Baumwoll- oder Frotteedecken sind dagegen sehr praktisch und hygienisch, da man sie in die Waschmaschine geben kann, wenn sie verschmutzt sind. Sie trocknen auch leichter als Filzdecken.
Abzulehnen sind Kunststoffunterlagen, da sie nicht hautfreundlich sind (Gefahr von Allergien).

Sattelgurt

Wir verwenden im allgemeinen einen **Schnurengurt**, daneben gibt es auch **Ledergurte** und **elastische Gurte**. Auch der Gurt soll regelmäßig gereinigt werden, damit durch Schmutz und Schweiß keine Druckstellen entstehen können.

Steigbügel

Die Steigbügel müssen aus Sicherheitsgründen groß und schwer sein und eine Gummieinlage haben, damit der Fuß nicht herausrutschen kann.
Die **Steigbügelriemen** werden besonders gut gepflegt, damit sie

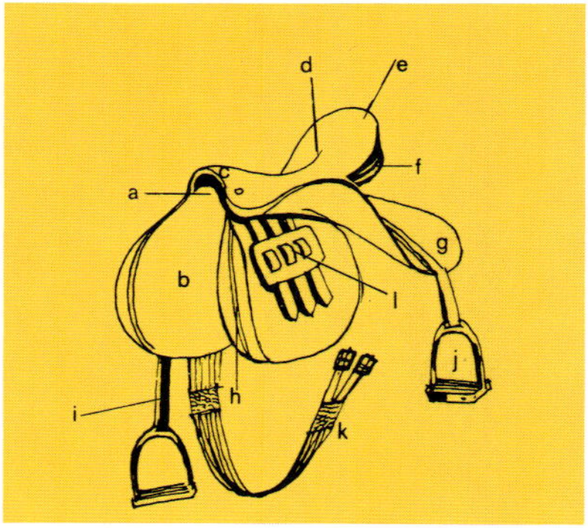

a Sattelkammer b Schweißblatt c Vorderzwiesel d Sitzfläche e Sattelkranz f Sattelpolster g Sattelblatt h Pausche i Steigbügelriemen j Steigbügel k Sattelgurt l Strupfen

nicht brüchig werden. Die Haken, in die sie eingeschoben sind, bleiben offen, damit der Riemen notfalls leicht herausrutschen kann. Die Steigbügelriemen sollte man von Zeit zu Zeit von rechts nach links umwechseln, da der linke durch das Aufsitzen stärker belastet wird und allmählich ausleiert.

Zäumung

Als Zaum verwenden wir in der Regel eine **Trense** mit Reithalfter.

Gebiß

Das gebräuchlichste Gebiß ist die **Wassertrense**, deren Breite der Größe des Pferdemaules entsprechen muß. Je dicker das Mundstück, desto weicher wirkt es, je dünner, desto schärfer.

Reithalfter

Es soll das Aufsperren des Maules verhindern, denn damit kann sich das Pferd der Zügeleinwirkung entziehen.

Das **Hannoversche Reithalfter** erfüllt diesen Zweck zwar am besten, aber es hat den großen Nachteil, die Atmung des Pferdes zu behindern, wenn der Nasenriemen nicht ganz richtig verpaßt ist.

Das **Englische Reithalfter** liegt auf dem Nasenrücken auf und erfüllt beim gut gerittenen Pferd, das vertrauensvoll an einer gefühlvollen Reiterhand steht, seinen Zweck sehr gut.

Das **Mexikanische Reithalfter** ist eine Kombination aus Englischem und Hannoverschem Reithalfter; es hat einen hochsitzenden Nasenriemen mit einem daran befestigten Sperriemen. Dieses Reithalfter findet bei Gelände-, Spring- und Militarypferden Verwendung, da es die Atmung nicht behindert. Sehr empfindliche Pferde gehen mit dieser Art der Zäumung oft besser.

Anpassen des Zaumes

Der Zaum wird so verschnallt, daß das Mundstück genau auf den Laden aufliegt, ohne die Maulwinkel hochzuziehen (zu kurz) oder gegen die Eckzähne zu stoßen (zu lang).

Das Reithalfter darf die Atmung unter keinen Umständen erschweren, ebenso darf es das Pferd nicht daran hindern, zu kauen. Daher sollten zwei Finger bequem zwischen Nasenriemen und Pferdenase passen.

Ausbindezügel werden so verschnallt, daß die Pferdenase kurz vor der Senkrechten steht. Sie werden unterhalb der Zügel in die Trensringe eingehakt und in die obere Hälfte des Sattelgurtes eingeschnallt. Ausbindezügel dürfen erst unmittelbar vor dem Aufsitzen eingehakt werden.

Der **Kehlriemen** wird nicht zu eng geschnallt, da er sonst schnürt. Zwischen Kehle und Riemen muß eine Faust Platz finden.

Hilfszügel

Sie sind nur hilfreich für erfahrene, gute Reiter, andernfalls wirken sie durch ihre Hebelwirkung viel zu scharf und verschlimmern auf die Dauer die Schwierigkeiten. Je weniger Leder am Pferd, desto besser!

Für Anfänger sind **Ausbindezügel** die einzig sinnvollen Hilfszügel, da sie dem Pferd eine stetige Anlehnung ermöglichen, wenn die Reiterhand noch zu unruhig und zu ungeschickt ist. Trägt das Lehrpferd Ausbindezügel, neigt der Reiter weniger dazu, mit der Hand einzuwirken und kann sich mehr auf seinen Sitz konzentrieren.

Pferd und Reiterin in perfekter Ausrüstung im Turnier.

Ausrüstung von Pferd und Reiter

Die Auswahl an Ausrüstung und Zubehör ist heute sehr vielfältig. Entscheidend sind jedoch der richtige Verwendungszweck, korrekter Sitz und gute Verarbeitung. Auf diesem Foto stimmt alles.

Kandare und Hackamore
Sie sind weder für Anfänger noch für Freizeitreiter geeignet, da sie wegen ihrer scharfen Hebe wirkung nur in die Hand von feinfühligen Könnern gehören.

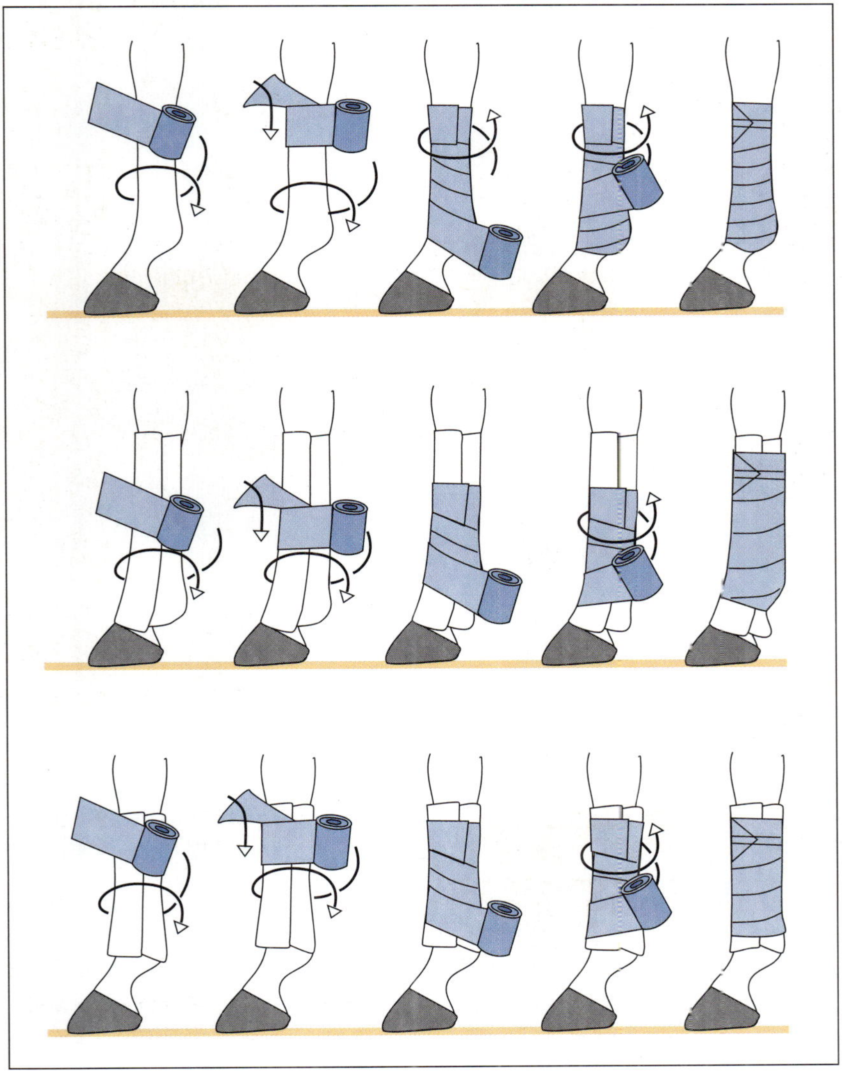

Bandagieren erfordert viel Übung und sollte von jedem Reiter verlangt werden. Das Anlegen von Verbänden, Kühlbandagen oder Wärmebandagen muß erlernt werden, bevor ein Notfall eintritt.

Elastische Bandagen sind nur mit Gamgee oder gut passenden Steppkissen zu verwenden. Bänder nicht stärker anziehen als die Bandage. Knoten dürfen nicht drücken.

oben: Anlegen von elastischen Bandagen

Mitte: Bandagieren als Stall- oder Transportbandagen

unten: Anlegen als Arbeitsbandagen

Korrekte und reitsportgemäße Bekleidung, auch im Gelände.

Die Ausrüstung des Reiters

Sie soll zweckmäßig und bequem sein, und sie muß dem ästhetischen Anblick Pferd – Reiter genügen. Lange Haare sollten unbedingt zusammengebunden oder aufgesteckt werden.
Zu enge oder zu weite Pullover und Blusen können zwar im Augenblick modisch sein, sie erschweren aber Sitzkorrekturen.

Zweckmäßig sind: Schlichte Bluse, Hemd, Pulli, elastische Reithose, Gummi- oder Lederstiefel, Jodhpurhose und Stiefeletten, Handschuhe (unbedingt!) und eine gutsitzende **Reitkappe** mit Stahleinlage.
Reitgerte und Sporen (wenn, dann nur stumpfe!) sollten nur bei Bedarf benutzt werden!

(Ausrüstung zum Wanderreiten s. Seite 108/109.)

Satteln

Von der linken Seite wird der Sattel mit hochgezogenen Bügeln und übergeschlagenem Gurt vorsichtig hinter dem Widerrist auf den Pferderücken aufgelegt und leicht nach hinten geschoben. Nun wird die Satteldecke in der Sattelkammer angehoben, damit auch sie nicht am Widerrist aufliegt. Den Sattelgurt läßt man beim Herunterlassen nicht an die Vorderbeine anschlagen und zieht ihn nur so lose an, daß der Sattel im Augenblick nicht verrutschen kann. Wird der Gurt gleich zu fest angezogen, bekommt das Pferd leicht Sattelzwang: ein Angstgefühl, durch das es steigt oder sich gar zu Boden wirft. In diesem Fall führt man es einige Minuten im Schritt oder im Trab, bis es sich beruhigt hat.

Aufzäumen

Vor dem Auflegen der Trense muß die Zäumung geordnet werden. Das Stallhalfter wird abgenommen und die Zügel über Kopf und Hals des Pferdes gelegt. Mit der rechten Hand hält man das Zaumzeug in der Mitte des Kopfstückes und führt es an der Pferdenase von unten nach oben an den Kopf des Pferdes. Mittelfinger und Daumen der linken Hand fassen zwischen die Lippen und veranlassen das Tier, das Maul zu öffnen. Das Gebiß wird nun hineingeschoben, während die rechte Hand das Kopfstück erst über das rechte und dann über das linke Ohr schiebt. Danach ordnet man Stirnband und Mähne; das Stirnband darf nicht an den Ohren drücken. Nun wird der Kehlriemen so verschnallt, daß die flache Hand darin noch bequem Platz findet.

Alle Handgriffe müssen behutsam und sicher ausgeführt werden.

Aufsitzen

Bevor der Reiter aufsitzt, steht er auf der linken Seite des Pferdes mit dem Rücken zum Pferdekopf. Mit der linken Hand nimmt er die Zügel auf und stellt eine leichte Verbindung zum Pferdemaul her. Dadurch kann das Pferd nicht mehr nach vorwärts antreten. Die linke Hand greift nun an die Mähne oder an die Vorderkammer des Sattels, dann wird der linke Fuß in den nach vorn gedrehten Bügel gestellt, und die rechte Hand faßt entweder in die Mitte des Sattels oder an den Sattelrand. Mit dem rechten Fuß stößt sich der Reiter dann ab, nimmt das rechte Bein über die Kruppe und gleitet behutsam in den Sattel. Der rechte Fuß wird jetzt von außen in den rechten Steigbügel gesetzt.

Absitzen

Beim Absitzen behält der Reiter die Verbindung mit dem Pferdemaul aufrecht; die Zügel liegen in der linken Hand, die sich dann auf den Mähnenkamm stützt. Der rechte Fuß wird aus dem Bügel genommen, das rechte Bein über die Kruppe geschwungen, und der Reiter läßt sich mehr oder weniger schwungvoll am Pferdekörper abgleiten, nachdem er den linken Fuß vollständig aus dem Bügel gezogen hat.

Folgendes ist zu beachten:

- ruhiges, langsames Aufsitzen,
- weiches Einsitzen,
- gleichmäßiges Anstehen der Zügel,
- Absitzen ohne Hektik,
- nicht am Zügel ziehen beim Heruntergleiten.

Früher oder später kommt jeder Reiter einmal in die Lage, auch im Gelände auf- und abzusitzen. Es gehört mit zur Vertrauensphase und zur Grundausbildung, daß ein Pferd dabei ruhig stehen bleibt.

Wissenswertes vor der ersten Reitstunde

Jeder weiß, daß wir unter »reiten« das Sitzen auf einem Reittier verstehen. Aber es ist ein Unterschied, ob wir uns von einem Esel den Drachenfels hinauftragen lassen oder selbständig ein Pferd über einen Parcours lenken wollen!

»Richtiges« Reiten hat eine rein technische (physische) Seite, die jeder erlernen kann; die andere Seite ist Gefühlssache und kann durch keine Reitlehre vermittelt werden. Die physische Seite des Reitens soll in diesem Kapitel erklärt werden, damit wir auch einmal verstehen, worauf die perfekte Ausbildung von Reiter und Pferd abzielt.

Das Pferd befindet sich ohne Reiter im natürlichen **Gleichgewicht**, ebenso wie der Mensch ohne Lasten und andere den Bewegungsmechanismus beeinträchtigende Hemmnisse keine Bewegungsschwierigkeiten hat.
Sitzt nun ein Reiter auf einem Pferd, so stellt sich zunächst bei beiden Lebewesen das Problem, mit dem neuen Gleichgewichtsverhältnis fertig zu werden. Nicht nur der Reiter hat anfangs Balanceschwierigkeiten, sondern auch das Pferd. Das Gleichgewicht des Pferdes wird beeinträchtigt

- durch das ungewohnte Gewicht,
- durch die fehlende Übereinstimmung des eigenen Schwerpunktes mit dem des Reiters.

Reiten ist zu Anfang eine Frage der Balance zwischen Reiter und Pferd.

Dazu ein einfaches Beispiel: Tragen wir eine Last, so sind wir bestrebt, diese genau über unseren Schwerpunkt zu bringen, da dann das Tragen am leichtesten fällt. Wer einen Rucksack trägt, beugt sich vor; die Araberinnen tragen mit Eleganz schwere Lasten auf dem Kopf, indem sie ganz aufrecht gehen und so der Schwerpunkt der Last senkrecht über dem eigenen Schwerpunkt liegt.
Beim Reiten besteht nun das Problem darin, die **Schwerpunkte** von Pferd und Reiter in Einklang zu bringen, damit dem Pferd das Tragen der Last erleichtert und es in seinem freien Bewegungsablauf nicht mehr gehindert wird.
Steht das Pferd still, stimmen die Schwerpunkte von Reiter und Pferd nicht überein: Der Schwerpunkt des Reiters liegt hinter dem des Pferdes. Je schneller sich das Pferd aber fortbewegt, desto mehr streckt es sich und verlagert entsprechend auch seinen Schwerpunkt immer weiter nach vorn.
Stimmen nun, bei schlechter Reitweise, die Schwerpunkte beider Lebewesen nicht überein, so wird

Reiterinnen im leichten Sitz.

sich das Pferd verkrampfen und unregelmäßig gehen und der Reiter entsprechend unbequem sitzen, da er auf dem verkrampften Pferderücken geschüttelt wird.
Es gibt nun zwei Möglichkeiten, die Schwerpunkte von Reiter und Pferd in Einklang zu bringen:

1. Der Reiter verlagert seinen Schwerpunkt über den des Pferdes, indem er der Bewegung nach vorn durch Vorneigen des Oberkörpers folgt (leichter Sitz).
2. Das Pferd wird veranlaßt, seine Körperhaltung so zu verändern, daß sich sein Schwerpunkt nach hinten unter den des Reiters verlagert (Dressursitz).

Wann nun die eine oder die andere Möglichkeit angewendet wird, richtet sich nach der vom Pferd verlangten Leistung.

Zu 1: Beim **Renn-, Spring- und Geländereiten** liegt die Leistung in erster Linie beim Pferd: Es muß die größtmögliche Geschwindigkeit bzw. Sprunghöhe erbringen. Der Reiter unterstützt den Bewegungsablauf dadurch, daß er in die Bewegung eingeht und den Oberkörper über den Schwerpunkt des Pferdes beugt.

Zu 2: Beim **Dressurreiten** kommt es auf die Gymnastiziertheit des Pferdes an: Es soll sich so schön und mühelos bewegen wie möglich und dem Reiter so gehorchen, daß man keinerlei Einwirkung mehr wahrnimmt.
Durch Gymnastizierung des Pferdes wird schließlich erreicht, daß

es mit der Hinterhand vermehrt unter den Schwerpunkt tritt (Hinterhand = Hinterbeine = »Motor« des Pferdes). Jetzt hebt sich die Vorhand, die Tritte werden erhabener, ausdrucksvoller, der Hals wölbt sich und die Pferdenase steht leicht vor der Senkrechten. Dadurch wirkt das Pferd »runder«. In der Fachsprache nennt man diesen Vorgang **Versammlung**.

Die Versammlung wird nur über **Losgelassenheit** des Pferdes, niemals durch Zwang und Verkrampfung erreicht; dann kann auch der Reiter entspannt senkrecht im Sattel sitzen bleiben, denn der Schwerpunkt des Pferdes stimmt mit dem des Reiters überein.
Ist einmal Übereinstimmung im Gleichgewicht erreicht, stellt sich bei Reiter und Pferd ein Gefühl der Mühelosigkeit ein.

Hat man es aber einmal erlebt, auf einem so mühelos gehorchenden Pferd zu sitzen, so wird man immer wieder versuchen, diesen Zustand herbeizuführen. Dies gelingt, je nach Fähigkeiten und Ausbildungsstand von Pferd und Reiter, mehr oder weniger oft.

Jedes gerittene Pferd – ganz gleich ob Freizeit- oder Turnierpferd, Pony oder Springpferd – sollte lernen, unter dem Reiter gelöst und im Gleichgewicht zu gehen.

Dafür gibt es zwei Gründe:

1. Ein nicht im Gleichgewicht gerittenes Pferd würde bald Schaden an Sehnen und Gelenken erleiden.
2. Auch der Freizeitreiter möchte eine gewisse Übereinstimmung mit seinem Pferd erleben, er sollte senkrecht und entspannt im Sattel sitzen dürfen und ein entspanntes Pferd unter sich fühlen, das sich mühelos »lenken« läßt.

Um sich mit seinem Reiter im Gleichgewicht zu befinden, muß das Pferd einen größeren Teil der Last mit der Hinterhand tragen, den Rücken entspannt aufwölben und den Hals gelöst fallen lassen, wobei sich die Pferdenase der Senkrechten nähert.
(Wer mit seinen Kindern »Reiter« spielt, wölbt auch den Rücken nach oben, der Last entgegen, und senkt dabei den Kopf!)
Doch das alles tut kaum ein Pferd von allein, sondern der Reiter muß lernen, es dazu zu veranlassen. Wohlgemerkt nicht durch Zwang, denn man kann niemanden dazu zwingen, sich zu entspannen!

Die drei Phasen des Reitenlernens:

1. Wir lernen zunächst das richtige Sitzen auf dem Pferd, um unser eigenes Gleichgewicht zu finden (s. Seite 61).

2. Wir erlernen die Einwirkungsmöglichkeiten, die sogenannten »Hilfen«, die wir haben, um das Pferd zu führen (s. S. 75ff.).
3. Wir lernen, diese Hilfen allmählich so aufeinander abzustimmen, daß schließlich eine Übereinstimmung im Gleichgewicht zwischen Pferd und Reiter bewirkt ist (s. S. 79).

Diese Feinabstimmung zwischen treibenden Hilfen (damit die Hinterhand vermehrt unter den Schwerpunkt tritt) und verhaltenen Hilfen (damit das Pferd durch das Treiben nicht eiliger, sondern aktiver wird) erfordert viel Üben, viel Geduld und vor allem viel Gefühl. Und da sowohl jedes Pferd als auch jeder Reiter anders sind und beide sich jeden Tag anders fühlen, lernt man lebenslänglich reiten!
Reiten heißt also eine Übereinstimmung zwischen zwei Lebewesen herstellen.

Richtig reiten hat daher – abgesehen von allen anderen Zwekken - zunächst den Sinn, beiden – Pferd und Reiter – den neuen Bewegungszustand so angenehm und kräftesparend wie möglich zu machen, um daraus zu sportlichen Fähigkeiten zu gelangen oder einfach Vergnügen zu haben.

Reiten lernen heißt zunächst einmal nichts anderes als passiv sitzen lernen. Die aktive Einwirkung auf das Pferd ergibt sich später mehr oder weniger von selbst.
Leider wirkt der korrekte, aufrechte Dressursitz, so wie er in allen Reitlehren erklärt wird, immer etwas gekünstelt und steif. Man kann einen Anfänger auf dem stehenden Pferd wunderbar »hinsetzen«, ihm genauestens erklären, warum und wieso alles so sein muß; setzt sich das Pferd aber in Bewegung, sieht alles ganz anders aus. Dann kommt es nämlich zunächst einmal gar nicht auf den tiefen Absatz und die perfekte Handhaltung, sondern auf Geschmeidigkeit, Einfühlungsvermögen, Eingehen in die Bewegung des Pferdes und auf das Gleichgewichtsgefühl an.

Gleichgewichts-, Lockerungs- und Atemübungen sind feste Bestandteile einer jeden Longestunde.

Sitzübungen

Sich einfühlen und eingehen können in die Bewegung des Pferdes lernt man nur über die **Phase der totalen Losgelassenheit**.
Um dem Anfänger dies überhaupt zu ermöglichen, nimmt ihn der Reitlehrer eine Zeitlang an die **Longe** und läßt ihn erst einmal Sitzübungen machen. Dazu sitzt der Schüler auf dem Pferd ohne Zügel und ohne Steigbügel. Zügel braucht man nicht, da der Longenführer das Pferd führt. Auch die Steigbügel sind überflüssig, denn der Anfänger würde sie ohnehin ständig verlieren. Zu frühes Aufnehmen von Zügeln und Bügeln verhindert nur die Konzentration auf die Balance und die Losgelassenheit.
Nun gilt es, durch **Atem- und Entspannungsübungen** zunächst im Schritt **Angstgefühle** und **Verspannung** zu verlieren. Dazu machen wir alle möglichen Übungen, die uns helfen, die einzelnen Gliedmaßen unabhängig voneinander zu bewegen, und uns zugleich ein Gefühl für die Beweglichkeit der einzelnen Gelenke vermitteln: Kopf drehen, Schultern kreisen lassen, Arme und Beine einzeln bewegen, Fußgelenke kreisen lassen, Handgelenke lockern, sich im Sattel einmal um sich selbst drehen, sich auf das Pferd stellen, sich auf den Rücken des Pferdes legen oder den Hals des Pferdes umarmen.
Alle diese Übungen helfen, das Gleichgewicht im Sattel zu festigen, das Vertrauensverhältnis zum Pferd zu stabilisieren und vor allem das zunächst Wichtigste zu finden: das Gefühl für die beiden **Gesäßknochen**, auf denen allein man sitzen muß! Es ist von entscheiden-

der Bedeutung, die **Gesäßmuskulatur** nicht zu verkrampfen, denn dadurch würde man sich selbst aus dem Sattel heben. Man schiebe einmal die Handflächen zwischen Sattel und Gesäß und spanne bzw. entspanne es. Sofort merkt man, daß man bei angespannter Muskulatur weniger »sitzt«. Aber das gerade sollen wir auf dem Pferderücken: breit, tief und entspannt sitzen!

Erst wenn die Losgelassenheit im Schritt erreicht ist, d. h. wenn die Gesäßmuskulatur entspannt ist und man aufgehört hat, sich krampfhaft mit den Oberschenkeln anzuklammern, und wenn die Flexibilität der Hüftpartie gut ist, kann man auch im Trab die Bewegung absorbieren, d. h. das Pferd wird uns nicht »werfen«. Ist man jedoch verkrampft, klammert sich mit Armen und Beinen fest und hält womöglich vor lauter Angst die Luft an, so wird man bei jedem Trabtritt hochgeworfen, weil sich auch das Pferd im Rücken sofort fest macht.

Wenn der Reiter im Mittelpunkt des Sattels auf beiden Gesäßknochen ruht, sich vom Pferd tragen läßt, ohne sich zu verkrampfen, dann liegen auch die Ober- und Unterschenkel richtig, d. h. sie hängen locker aus dem Hüftgelenk nach unten.

Bis der Reiter genügend Sicherheit gewonnen hat, darf er sich im Trab und im Galopp am Sattel festhalten (wie hier auf der linken Hand im Linksgalopp).

Sitzt man nämlich richtig auf dem Gesäß, braucht man die Beine nicht zum Festhalten – und man darf sie auch dazu nicht brauchen! Daß dies richtig ist, beweisen uns z. B. Lis Hartl und Sheila Willcox sowie die vielen Behinderten, die hervorragend auf dem Pferd sitzen, obwohl sie keine Kraft in den Beinen haben.
Durch die verschiedenen Übungen an der Longe wird man über die eigene Losgelassenheit mit dem Bewegungsablauf des Pferdes vertraut. Schließlich braucht man sich kaum noch am Sattel festzuhalten und gewinnt Sicherheit, weil man das Gleichgewicht gefunden hat.

Tip

- Freihändig mit geschlossenen Augen reiten, das verhilft zu vertrauensvollem Fühlen.

Richtiges Fallen mit Abrollen über die Schulter: Die Rollbewegung kann durch Abstützen mit den Unterarmen sowie rechtzeitiges Hochheben der Beine abgebremst werden.

Diese seitliche Abrollbewegung ist eine Vorübung und kann auch in der Reitbahn gymnastisch geübt werden.

Fallübungen

Sie gehören unbedingt zu den gymnastischen Übungen auf dem Pferd. Fallübungen sind sehr ernst zu nehmen, denn sie dienen der Sicherheit.
Zunächst üben wir dazu am Boden Rolle vorwärts und Rolle rückwärts, sowohl aus dem Stand als auch aus der Bewegung, oder Rolle mit Überschlag aufs Bett. Schließlich lassen wir uns vom Pferd abrollen oder springen ab.

Ziel: Der Reiter muß lernen, die Muskelpartien einzeln zu spannen und zu entspannen. Im Ernstfall reagiert der Körper automatisch, vorausgesetzt, man hat so lange trainiert, daß sich gewisse Bewegungsschemata zu Reflexen verfestigen.

Tip

- Entsprechende Judoübungen trainieren!

Formung des Sitzes

Nur über die totale Losgelassenheit gewinnt man den richtigen Sitz, und es ist entscheidend für den weiteren Erfolg des Unterrichtes, wie gefestigt diese Phase ist. So wird es dem Reiter auch nicht mehr schwerfallen, die Hände mit den Zügeln ruhigzuhalten, auch wenn sich das Pferd im Trab oder Galopp fortbewegt. Er wird auch **Sitzkorrekturen** des Lehrers ausführen können, ohne sich zu verkrampfen. Dann ist der Moment gekommen, wo der Reiter allmählich lernt, das Pferd selbständig und aktiv durch Einwirkung (Hilfen) zu beeinflussen.

Der Dressursitz

Noch einmal: Der korrekte Dressursitz setzt voraus, daß der Reiter in seiner gesamten Muskulatur locker ist und sein Gewicht in jeder Bewegungsphase des Pferdes gleichmäßig losgelassen auf beide Gesäßknochen verteilt. Das **Gesäß** ruht dabei in voller Breite in der Mitte des Sattels und damit bei einem richtig gearbeiteten und richtig liegenden Sattel auch in dessen tiefstem Punkt. Durch leichtes Anspannen des senkrecht gehaltenen **Oberkörpers** – ohne jedoch irgendwie zu verkrampfen – übt der Reiter aus der Hüfte heraus einen Druck nach vorn gegen die Sattelkammer aus und sitzt dadurch in die Bewegung des Pferdes hinein. Der Reiter versucht also, seine **Hüfte** ständig an seine beiden Fäuste heranzuschieben, und folgt dabei gleichsam am Sattel klebend den Schwingungen des Pferderükkens. Der durch das ständige Vorbringen der Hüfte erzeugte Druck entspricht einer Hebelwirkung nach vorwärts, auf die das Pferd von hinten nach vorn eingeht.
Die **Oberschenkel** sind, soweit das voll im Sattel ruhende Gesäß dies erlaubt, locker nach unten gestreckt und geben dadurch dem Knie eine tief am Sattel liegende Lage. Dadurch wird ein besseres Umfassen des Pferdes und ein tiefer Sitz des Reiters ermöglicht. Das **Knie** ist leicht angewinkelt, so daß der **Unterschenkel** gleichmäßig und möglichst flach am Pferdeleib liegt. Dabei soll der vordere Rand des Stiefels etwa am hinteren Rand des Gurtes liegen: Durch den tiefen, bei jedem Tritt leicht federn-

◁ *Elegant sitzende Reiterin – zwar konzentriert, aber trotzdem locker und entspannt.*

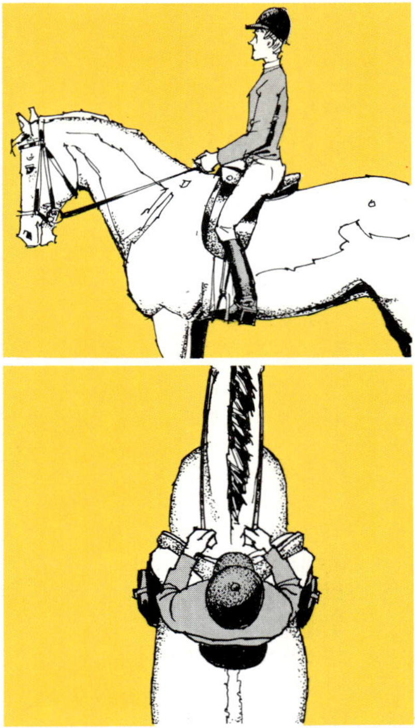

Korrekte Schenkellage, von der Seite und von oben.

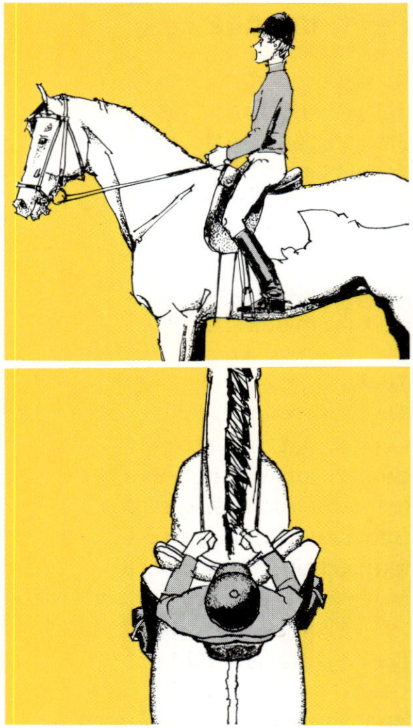

Lage des seitwärtstreibenden Schenkels, von der Seite und von oben.

Spaltsitz auf dem stehenden Pferd. Grund: zu lange Bügel.

Klar ersichtlich auch in der Bewegung.

Stuhlsitz im Stand.

In der Bewegung kommt der Fehler noch stärker zum Ausdruck.

den Absatz wird der Unterschenkel in einer gleichmäßigen, leichten Spannung gehalten. Er soll, ohne ständig einen besonderen Druck auszuüben, der Bewegung des Pferdeleibes elastisch folgen. Er darf dabei aber nicht klopfen, sondern muß ruhig am Pferdeleib liegen bleiben. Der Reiter hat so vom Gesäß bis zur Wade eine ständige Fühlung mit dem Pferd.

Der **Fuß** soll von der kleinen Zehe bis zum Ballen, also an der breitesten Stelle, auf dem Bügelsteg ruhen. Ist der Bügel zu weit nach hinten durchgetreten, so ist in der Regel auch das Knie hochgezogen, der Unterschenkel liegt nicht gleichmäßig am Pferd und der Reiter spannt die Oberschenkelmuskeln vermehrt an. Wird der Bügel zu weit vorn aufgenommen, so besteht die Gefahr, daß sich der Reiter im Fußgelenk versteift.

Der **Oberkörper** soll zwanglos gerade gehalten werden. Der **Kopf** ist aufgerichtet. Die **Schultern** werden ihrer natürlichen Schwere entsprechend fallengelassen und leicht zurückgenommen. Die **Oberarme** hängen senkrecht herab. **Unterarm, Hand** und Zügel bilden eine Gerade. Durch die Gerade von Unterarm, Hand und Zügel sind zugleich auch das richtige Zügelmaß und die Höhe der Reiterhand bestimmt. Wird der Zügel zu lang – was leicht passiert, da er beim Reiten aus der Hand gleiten kann –, so liegt der Oberarm nicht mehr senkrecht, die Zügelhilfen werden nicht mehr gefühlvoll aus dem Handgelenk gegeben, sondern können nur noch durch Veränderungen des gesamten Unterarms gegeben werden und sind entsprechend grober. Ist der Zügel zu kurz, so kommt der Reiter mit seinem Oberkörper leicht vor die Senkrechte.

Oben: Handhaltung richtig.

Falsch: Handgelenke nach innen.

Falsch: Abgespreizte Ellenbogen.

Falsch: Verdeckte Hände.

Die **Fäuste** werden so hingestellt, daß sich die kleinen Finger näher sind als die Daumen und man in die innere Handfläche sehen kann. Bei waagerecht gehaltenen Fäusten (verdeckte Fäuste) und in den Handgelenken angedrückten Fäusten kommen die Zügelhilfen nicht aus dem Handgelenk, sondern aus dem Unterarm und werden entsprechend härter. Wichtig ist nicht nur, daß die **Hand** richtig hingestellt wird, sondern daß auch das **Handgelenk** locker ist. Nur so ist eine gefühlvolle Verbindung zum Pferdemaul möglich.
Zwischen der Haltung von Oberkörper, Armen und Händen, Hüfte, Gesäß und Schenkeln des Reiters besteht natürlich enge Verbindung.

Fehler

- Wird der Oberkörper nicht zwanglos senkrecht gehalten, sondern reitet man mit hohlem Kreuz, rundem Rücken oder zurückgedrückter Hüfte, neigt sich der Reiter zu weit nach hinten oder zu weit nach vorn, hat er einen **Spaltsitz** oder einen **Stuhlsitz**, so kann er nicht mit der Hüfte nach vorn heransitzen und schafft es nicht, am Sattel klebend die Bewegungen des Pferdes federnd auszusitzen.
  In allen diesen Fällen, besonders aber wenn der Reiter zu sehr am hinteren Sattelrand sitzt (Stuhlsitz) oder zu weit hinter die Senkrechte kommt, rutschen

auch die Schenkel zu weit nach vorne. Beim Stuhlsitz befindet sich der Reiter auch nicht in Übereinstimmung mit dem Gleichgewicht des Pferdes. Das Pferd muß zwangsläufig seine Haltung dem Gleichgewicht anpassen. Das führt dazu, daß die Pferde auf der Vorhand gehen und sich auf den Zügel legen oder sich aufrollen oder über dem Zügel gehen. Ist ein Reiter in der Hüfte steif und klappt er mit dem Gesäß im Sattel, so werden gleichzeitig auch seine Hände unruhig und das Pferd wird ständig im Maul gestört. Zieht er seine Schultern hoch, so kann er sich auch in der Rückenmuskulatur nicht entspannen und dementsprechend nicht gefühlvoll mit seinem Kreuz einwirken. Dreht ein Reiter seine Fußspitzen zu weit nach außen und klemmt er sich mit den Unterschenkeln fest, so verkrampft er seine Wadenmuskeln, wirkt kneifend auf das Pferd ein und kann nicht mit den Hüften vorschwingen.

Tip

- Man muß immer nach den Ursachen suchen, will man den Sitz wirkungsvoll korrigieren, da sich Sitzfehler auch auf die Einwirkung des Reiters auswirken. Auch ein geübter Reiter sollte immer wieder Sitzübungen machen!

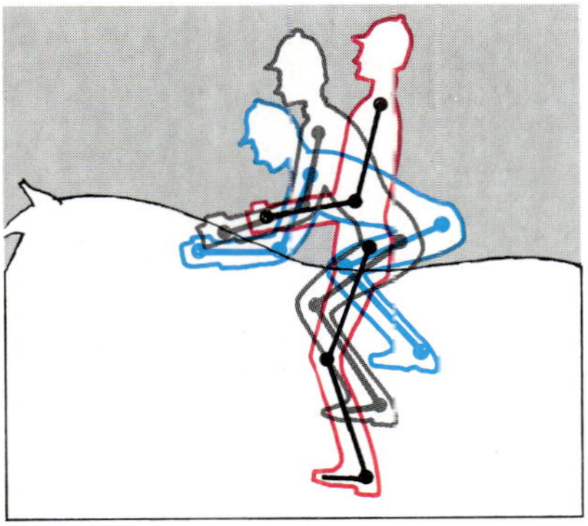

Ausgehend vom Dressursitz (rot) zeigt diese Grafik die Veränderung der Winkelstellung in Hüft-, Knie- und Fußgelenk: Grau = normaler leichter Sitz, blau = leichter Sitz mit extrem kurzem Bügel (Rennsitz).

Reiten mit Bügeln

Ist der Sitz losgelassen, ausbalanciert und gefestigt, können wir die Bügel aufnehmen, ohne daß die Schenkellage verändert wird. Wenn Knie- und Fußgelenke weiterhin nach unten durchfedern, wird der Bügel ohne weiteres unter dem Fußballen bleiben.

Fehler

- Bügel verlieren. Die Ursachen sind hochgezogene Knie und verkrampfte Fußgelenke.
- Sich in die Bügel stellen.
- Bügel bis zum Absatz durchschieben: Unfallgefahr!

Korrekt aufgenommener Bügel.

Falsch: Nach hinten gerutschter Bügel.

Tip

- Bügel nicht zu lang schnallen, in den Gelenken nach unten federn, häufig ohne Bügel reiten.

Leichttraben

Zum Lösen des Pferdes oder bei längeren Trabstrecken im Gelände traben wir »leicht«, um – wie der Name schon sagt – Pferd und Reiter die Bewegung zu »erleichtern«. Beim Leichttraben belastet der Reiter den Pferderücken nur jeden zweiten Trabtritt, indem er taktmäßig aufsteht und einsitzt.
Wenn Losgelassenheit und Balance erreicht sind, kann man beginnen, das Leichttraben zu erlernen. Dazu nehmen wir die Bügel auf, verkürzen sie zunächst etwas, nehmen den Oberkörper nach vorn,

Leichttraben: Richtiges Aufstehen und korrektes Hinsetzen.
▽

stützen die Hände links und rechts vom Widerrist auf und versuchen zunächst, das Gesäß leicht aus dem Sattel zu nehmen, indem wir 80 Prozent des Körpergewichts mit den Knien abfangen und 20 Prozent auf die Bügel abgeben.
Ist es möglich, so für einige Momente das Gesäß aus dem Sattel zu halten, kann man versuchen, im Rhythmus des Trabes aufzustehen und sich zu setzen.
Erst wenn der Reiter leichttraben kann, ohne sich festzuhalten, darf er die Zügel aufnehmen.
Dann sollten auch die Bügel für das dressurmäßige Reiten in der Bahn wieder länger geschnallt werden, um auf die entsprechende Sitzposition zu kommen.

Fehler

- Hochziehen am Zügel.
- In den Sattel plumpsen statt weich »Platz zu nehmen«.
- Zu hoch aufstehen.
- Beim Aufstehen die Beine wegstrecken.
- Beim Aufstehen nur in die Bügel stellen.

Tip

- Ein guter Reiter sollte das Leichttraben unbedingt vormachen – bekanntlich lernt man leichter durch Nachahmen!
- Der Reitlehrer zählt mit, bis der Reiter das Gefühl für den Rhythmus des Bewegungsablaufes gefunden hat.
- Leichttraben üben ohne Pferd (s. Seite 74, Der leichte Sitz).

Fußwechsel

Der Trab hat eine diagonale Schrittfolge (siehe Seite 82), daher sitzt der Reiter immer auf einem diagonalen Beinpaar. Beim Hand-

Falsch: Der Reiter zieht sich am Zügel hoch und fällt dann in den Sattel zurück.

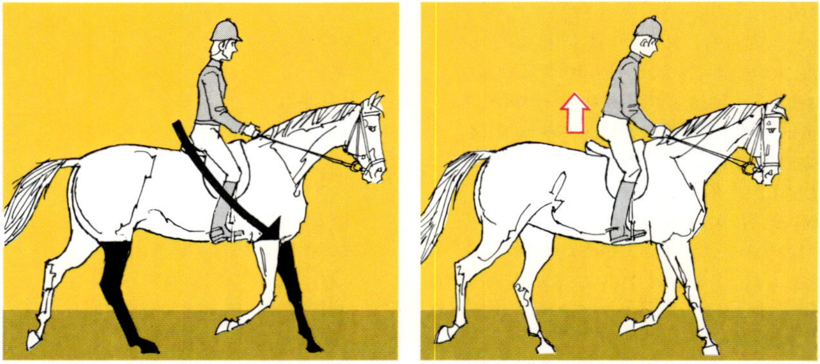

Leichttraben auf dem richtigen diagonalen Beinpaar (rechte Hand).

wechsel soll daher auch der Fuß gewechselt werden; dazu bleibt man zwei Tritte im Sattel sitzen.
Im Gelände wechseln wir alle paar hundert Meter den Fuß, damit das Pferd gleichmäßig belastet wird.

Der leichte Sitz

Der leichte Sitz soll wie das Leichttraben für Pferd und Reiter angenehmer sein, er entlastet den Rücken des Pferdes und ermöglicht eine Anpassung der Schwerpunkte bei schnellerer Bewegung.
Beim Kantern im Gelände und beim Springen ist die Beherrschung des leichten Sitzes daher unerläßlich.
Da beim leichten Sitz andere Muskelgruppen, nämlich **Rücken-** und **Oberschenkelmuskulatur**, beansprucht werden, muß er früh genug parallel zur dressurmäßigen

Leichttraben auf dem richtigen diagonalen Beinpaar (linke Hand).

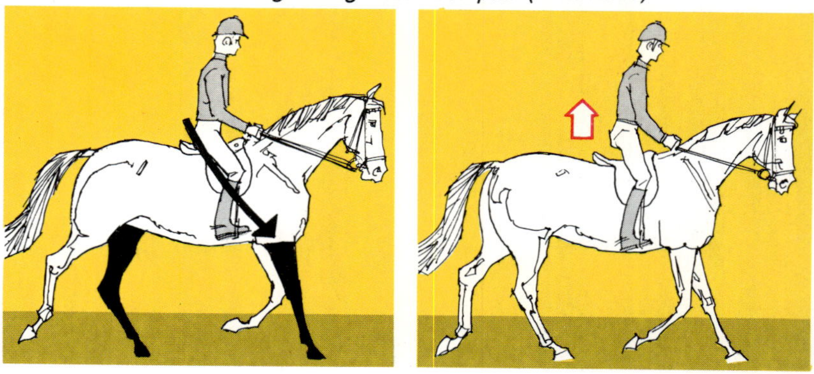

Bereits Anfänger sollten im leichten Sitz geschult werden, damit sich die Rücken- und Oberschenkelmuskulatur an die Belastung gewöhnt.

Ausbildung auch in der Reitbahn gelernt und trainiert werden.
Zum leichten Sitz werden die **Bügel** entsprechend der Größe des Reiters zwischen drei und acht Loch verkürzt. Ein kleiner Reiter mit kurzen Oberschenkeln kann die Bügel nur um zwei bis drei Loch verkürzen, sonst würden die Knie einfach zu hoch am Sattel liegen. Ein Reiter mit sehr langen Oberschenkeln muß das Gesäß entsprechend weit nach hinten bringen, damit eine korrekte Winkelung der Gelenke möglich wird.
Um das Gesäß aus dem Sattel heben zu können, wird der Oberkörper leicht nach vorn genommen. Dabei soll die Wirbelsäule gerade bleiben. 80 Prozent des Körpergewichts fangen die Knie auf, 20 Prozent ruhen auf den Fußballen in den Steigbügeln.
Im Gegensatz zum Dressursitz muß beim leichten Sitz die Oberschenkelmuskulatur angespannt werden, um den Knieschluß zu bewirken. Aber genau wie beim Dressursitz federn die Fußgelenke nach unten und die Steigbügel liegen unter den Fußballen. Der Reiter geht mit Hüft-, Knie- und Fußgelenk in die Bewegung ein. Durch dieses weiche, geschmeidige »In-die-Bewegung-Federn« macht er dem Pferd die Sache leicht und hat gleichzeitig treibende Einwirkung.
Die Hände stehen rechts und links vom Widerrist am Hals, damit sie jederzeit in Richtung Pferdemaul vorgehen können; sie dürfen aber nicht dem Reiter als Stütze dienen, sondern er muß unabhängig von der Hand sitzen können und den weichen Kontakt zum Pferdemaul halten.
Gerade beim leichten Sitz ist es wichtig, daß wir lernen, ein Pferd nur mit dem Gewicht zu lenken. Das kann man üben, indem man im Trab Schlangenlinien durch die Bahn im leichten Sitz reitet.

Zwei gut sitzende Reiter über dem Sprung. Beim Vergleich der Oberschenkellänge beider Reiter wird deutlich, daß erst die passende Bügellänge die entsprechende Winkelung in der Hüfte möglich macht.

Fehler

- Zu lange Bügel, Bügel bis zum Absatz durchgeschoben (ist gefährlich).
- Klappendes Gesäß.
- Hochziehen am Zügel.

Tip

- Den leichten Sitz durch Übungen ohne Pferd vorbereiten: leichte Grätschstellung, in die Hocke gehen, Hände nach vorn, ohne sich festzuhalten, in den Knien federn, dabei keinen Katzenbuckel machen.
- Sich in den Sattel knien.

Ist der leichte Sitz gut und gefestigt, hat der Reiter auch keine Schwierigkeiten, kleine Hindernisse zu überwinden, weil er den verlängerten Galoppsprung des Pferdes über ein Hindernis im leichten Sitz ohne weiteres absorbieren kann.

Gymnastisches Üben des leichten Sitzes ohne Pferd.

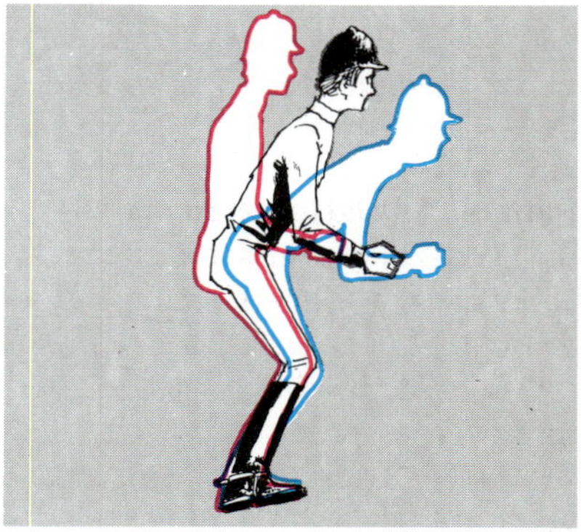

Reiten vollzieht sich fast ausschließlich über das Gefühl: Das Pferd kann den Reiter nicht sehen, aber es erfühlt ihn darum um so besser.

Hilfen sind jene möglichst unsichtbaren, körperlichen Verständigungsmittel zwischen Pferd und Reiter, die das Pferd veranlassen, die Wünsche des Reiters auszuführen. Je besser Pferd und Reiter sind, desto unsichtbarer teilen sich Hilfen mit.

Hilfen sind daher kein Selbstzweck, sondern sie sollen lediglich helfen, sich dem Pferd verständlich zu machen.

Die Stimme

Sie ist eine sinnvolle ergänzende Hilfe und ermöglicht eine noch feinere Verständigung, weil sie körperlichen Zwang ausschaltet. Leider sind die Stimmhilfen im Sattel vielfach verpönt – man erlaubt sie nur bei jungen Pferden oder beim Longieren. Doch gerade da erleben wir, wieviel leichter es ist, ein Pferd auf ein leises, stimmliches Signal hin zu parieren als eben mit einer scharfen Parade – und einem Pferd die Sache zu erleichtern, sollte für keinen Reiter eine Schande sein, im Gegenteil. (Schließlich kann man so leise sprechen, daß es nur das Pferd zu hören vermag!)

Peitsche, Sporen und Hilfszügel sind mechanische Hilfen, deren Anwendung problematisch ist.
Wir haben folgende Möglichkeiten, uns dem Pferd verständlich zu machen: **Gewichtshilfen (Kreuzhilfen), Schenkelhilfen und Zügelhilfen.** Damit können wir das Pferd vortreiben, anhalten, seitwärtstreiben und wenden.
Zunächst werden die Hilfen einzeln erklärt, obwohl sie so kaum zur Anwendung kommen. Im folgenden Kapitel wird dann das Zusammenspiel der Hilfen erläutert, so wie es in der Praxis wirksam wird.

Gewichts- und Kreuzhilfen (treibend)

Sitzt der Reiter richtig, d. h. vermag er mit der **Hüfte** in die Bewegung hineinzuschwingen, so wirkt sein guter Sitz schon als vortreibende Hilfe. Beidseitig belastete **Gesäßknochen** in Verbindung mit leicht angespannter **Kreuzmuskulatur** wirken also treibend. Eine Unterbrechung des Mitschwingens bedeutet für das Pferd, seinerseits die Bewegung zu ändern.

Fehler

- Falsch verstandene Kreuzhilfen: Der Reitlehrer sagt oft »Reiten Sie mit Kreuz«. Resultat: Der Reiter verspannt den ganzen Oberkörper und legt sich womöglich noch im Sattel zurück.

Tip

- Man stelle sich vor, man sitze auf einer Schaukel, die man in Bewegung versetzen will, ohne den Oberkörper hinter die Senkrechte zu bringen. Es ist wichtig, nur die Muskelstränge rechts und links der Nierenpartie anzuspannen.

Einseitige Gewichtshilfen
Sie wirken auf das Pferd ähnlich wie auf ein Fahrrad, das um die Kurve fahren soll: Der Reiter schaut in die Richtung, in die er will, nimmt dabei den Oberkörper mit und verlagert sein Körpergewicht auf den inneren Gesäßknochen. Das Pferd folgt dem Gewicht genau so, wie das Fahrrad um die Kurve fährt, sobald der Fahrer sich in die Wendung neigt, selbst beim freihändigen Fahren.

Fehler

- ▸ Nicht »in der Hüfte einknicken«.
- ▸ Nicht am inneren Zügel ziehen, um abzuwenden, sondern den äußeren Schenkel zur Hilfe nehmen (s. Seite 87 ff.).

Tip

- Man übe, ohne Zügel das Pferd in Schlangenlinien durch die Bahn zu reiten, allein durch Gewichtsverlagerung und vom äußeren Schenkel unterstützt.
- Man übe Durchparieren ohne Zügel, durch »Schwermachen« (Unterbrechen des Mitschwingens), durch Ein- und Ausatmen.

Schenkelhilfen

Treibend Sie unterstützen, beidseitig angewendet, die Vorwärtsbewegung und engagieren die Hinterhand.

Seitwärts treibend Einseitiger Schenkeldruck am Gurt drückt das Pferd seitwärts.

Begrenzend (verwahrend) Z. B. der äußere Schenkel hinter dem Gurt auf gebogenen Linien oder beim Angaloppieren, damit die Hinterfüße in die Spur der Vorderfüße treten.

Fehler

- ▸ Ständig klopfender oder pressender Schenkel (auch grundlegender Sitzfehler bei verspannten Oberschenkeln).
- ▸ Hochgezogene Knie.
- ▸ Treiben mit dem Absatz statt mit der flachen Wade.

Tip

- Man versuche, den Pferdeleib mit den leicht entspannten Waden zu fühlen und sich »anzusaugen«.

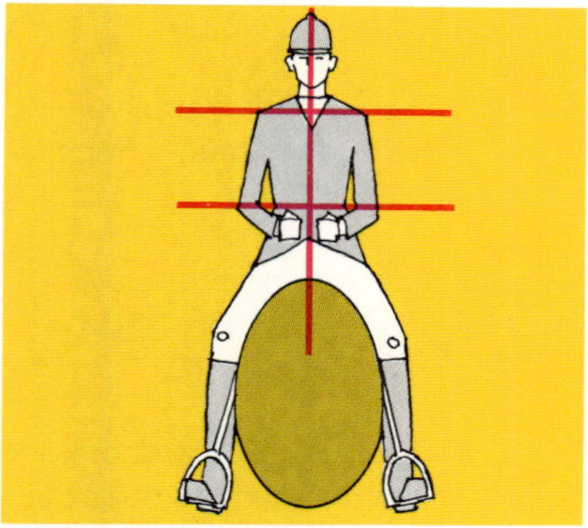

Richtig sitzender Reiter. Das Gewicht ist auf beide Gesäßknochen gleichmäßig verteilt.

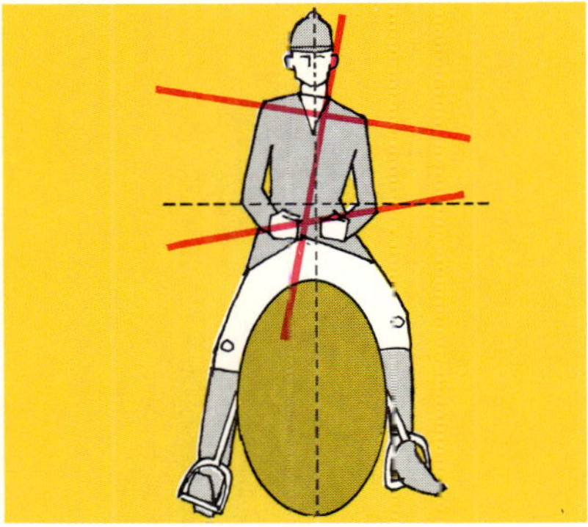

Falsche Gewichtsverlagerung führt zum Einknicken in der Hüfte.

Zusätzliche Hilfe Bei sehr faulen Pferden sollte man eine Gerte verwenden.

Schenkellage von oben klar ersichtlich.
Links: Beidseitig einwirkend.
Rechts: Einseitig einwirkend (seitwärtstreibend oder verwahrend).

Am Zügel

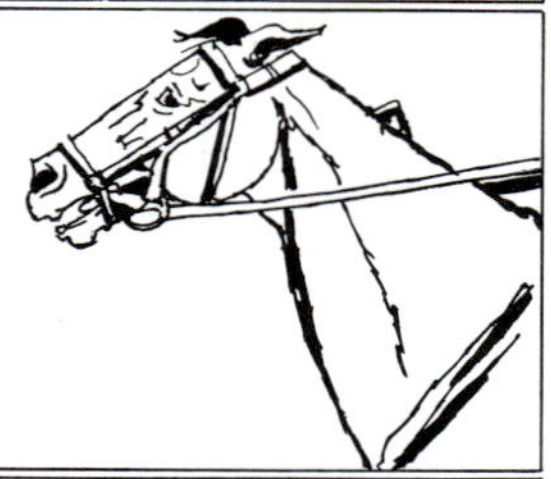
Über dem Zügel

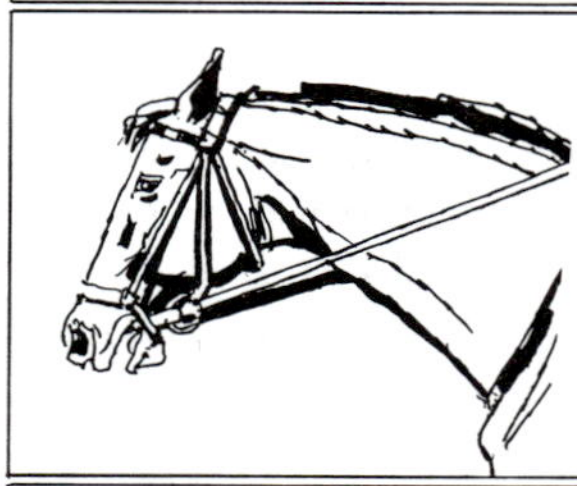
Gegen den Zügel

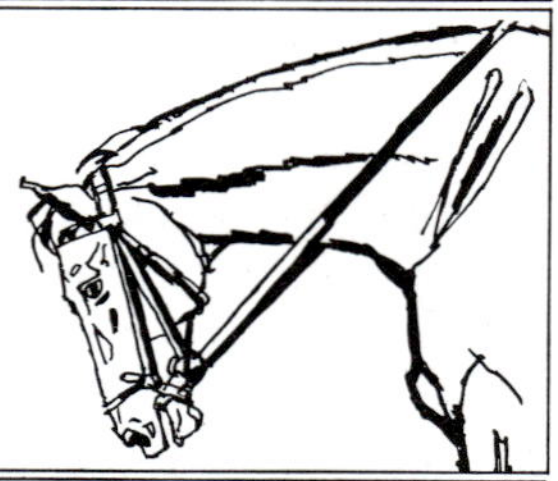
Auf dem Zügel

Hinter dem Zügel

Zügelhilfen

Mit den Zügeln allein kann man weder ein Pferd festhalten noch durchparieren.

Zügelhilfen kommen nur in Verbindung mit Gewichts-, Kreuz- und Schenkelhilfen vor.

Die Feinabstimmung Pferdemaul – Hand trägt entscheidend dazu bei, es dem Pferd zu erlauben, sich trotz Anlehnung frei zu fühlen.

Nachgebende Hand Bei Temposteigerungen, zum Längermachen des Halses im Gelände und beim Springen. Zur Erholung und zum Lösen Zügel ganz hingeben.

Annehmende Zügelhilfe Gibt es nicht ohne die nachgebende Hand! Das Wechselspiel von Annehmen und Nachgeben in Verbindung mit den übrigen Hilfen bewirkt die Anlehnung (s. Seite 79).

Begrenzende Zügelhilfe Der äußere Zügel wirkt in Wendungen begrenzend, ähnlich dem äußeren Schenkel (s. Seite 87 ff.).

Fehler

- Ein im Maul festgehaltenes Pferd wird sich gegen den Druck wehren und deshalb immer mehr gegen die Hand arbeiten und schließlich den Reiter nach vorn ziehen.

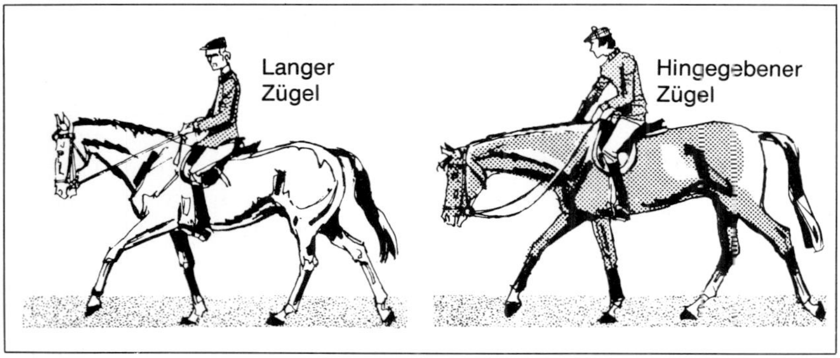

- Niemals darf die Hand »riegeln«, »sägen« oder »waschen«.
- Der nachgebende Zügel darf nicht mit einem Wegwerfen der Zügel verwechselt werden.

Tip

- Sich eine »tragende« Hand vorstellen: Sie soll so ruhig stehen, als ob man etwas Zerbrechliches vor sich hertragen wollte.
- Die Finger allein sollen sich bewegen, als drücke man einen Schwamm aus.
- »Sprechende« Hände hat man, wenn die Finger vibrieren.
- Die Anlehnung zum Pferd muß wie ein Gummiband sein.
- Nachgeben kann man nicht nur mit der Hand, sondern aus dem lockeren Ellenbogen- und Schultergelenk.

Zusammenspiel der Hilfen

Erst in ihrem Zusammenspiel werden die Hilfen reiterlich sinnvoll, daher sage man auch niemals, »das Pferd steht am Zügel«, wenn man doch erreichen soll, daß es »an den Hilfen« steht.
Das sinnvolle Zusammenspiel der Hilfen bewirkt beim Pferd die sogenannte **Anlehnung**. Sie beginnt beim leichten Kontakt zum Pferdemaul, der sich durch Hand, Unterarm, Schulterpartie und Rücken auf den Pferderücken überträgt. Ist dieser Kreislauf im Sinne einer Kettenreaktion hergestellt, dann bleibt das Pferd »an den Hilfen«, auch wenn die Hand vorgeht.

Steht das Pferd sicher an allen Hilfen und befolgt sie, so sprechen die Fachleute von **»Durchlässigkeit«**. Damit ist gemeint: Das Pferd läßt die Hilfen über Maul und Rükken bis zu den Hinterbeinen durchgehen.

Zum Überprüfen und Verfeinern des Zusammenwirkens der Hilfen gibt es folgende **Übungen**:

- Halbe und ganze Paraden
- Stillstehen des Pferdes
- Wechsel der Gangarten
- Tempowechsel innerhalb einer Gangart
- Wendungen reiten
- Schenkelweichen
- Vorhandwendung
- Rückwärtsrichten

All diesen Übungen, die auf den folgenden Seiten eingehend beschrieben werden, ist gemein, daß sie vom Pferd viel Konzentration verlangen. Es wäre also ein grundlegender Fehler, das Tier mit solchen Lektionen zu überfallen und sie eilig ausführen zu wollen. Das Pferd braucht Zeit, die Hilfen des Reiters auf den Bewegungsmechanismus zu übersetzen.
Daher ist die Vorbereitung für die jeweilige Übung entscheidend für ihr Gelingen: Gibt der Reiter dem Pferd keine Zeit, so führt es die Übung unsauber und überhastet aus oder versucht, die Sache so schnell wie möglich hinter sich zu bringen, um ungeschickten Hilfen zuvorzukommen.
Auch sind diese Lektionen nur sparsam und im Wechsel mit flüssigem Vorwärtsreiten und Schrittreiten am langen Zügel (Konzentrationspausen!) zu üben, andernfalls empfindet sie das Pferd als Strafe und verspannt sich.
Schließlich sollte sich der Freizeitreiter fragen, was er und sein Pferd überhaupt leisten sollen und wollen. Das rechte Maß ergibt sich aus der Freude, die es beiden macht, den gesteckten Zielen näherzukommen, und aus dem Sicherheitsaspekt: Der Reiter muß jederzeit in der Lage sein, sein Pferd sicher zu führen.
Die Übungen zum Zusammenwirken der Hilfen bewirken schließlich auch die **Übereinstimmung der Schwerpunkte** von Reiter und Pferd, indem sie das Pferd gymnastizieren und es veranlassen, die Hinterhand vermehrt unter den Schwerpunkt zu setzen (treiben), ohne daß es eiliger wird (verhaltende Hilfen): Das Pferd stellt sich allmählich an die Hilfen, entspannt sich und läßt sich leichter »lenken«, vorausgesetzt, der Reiter ist geschickt und gefühlvoll.
Diese **Feinabstimmung** zwischen Treiben und Verhalten kann jedoch kein Buch vermitteln, da man sie nur durch Fühlen und Üben erlernen kann.

Halbe und ganze Paraden

Halbe Paraden sind ein ständiges »Sprechen« mit dem Pferd durch das Zusammen- und Ineinanderwirken aller Hilfen, durch die wir es beschäftigen und aufmerksam halten. Dabei haben immer die treibenden Hilfen den Vorrang, dazu erfolgt ein leichtes Vibrieren mit dem äußeren Zügel.
Ganze Paraden setzen sich aus mehreren halben Paraden zusammen und bringen das Pferd aus jeglicher Bewegung zum Stillstand.

Stillstehen des Pferdes

Geschlossen und unbeweglich sitzen, das Pferd muß ganz stillstehen. Leichtes Spielen mit den Fingern, die Unterschenkel fühlen den Pferdeleib und verhindern ein Seitwärtstreten.

Fehler
- Die Zügeleinwirkung überwiegt.
- Ziehen am Zügel.
- Riegeln (= abwechselndes linkes und rechtes Abbiegen des Kopfes).
- Dem Pferd wird nicht genügend Zeit zur Ausführung gelassen, der Reiter »überfällt« es.

Tip
- Die Stimme unterstützt die Hilfengebung.
- Bei der Parade aus dem Galopp im Rhythmus bis drei zählen, entsprechend aus dem Trab bis vier zählen, bis zur Ausführung.

Wechsel der Gangarten

Hilfen beim Schrittreiten
Gewicht Locker sitzen, kein Druck aus der Hüfte.

Schenkel treiben wechselseitig dann, wenn das jeweilige Hinterbein auffußt.

Tip
- Läßt man die Beine locker aushängen, »fallen« die Unterschenkel von selbst im richtigen Augenblick wechselseitig gegen den Leib.

Zügel Die Hand geht vor und ermöglicht dem Pferd die Nickbewegung.

Hilfen zum Antraben
Gewicht – Kreuz Rückenmuskulatur beidseitig anspannen, Pferd mit der Hüfte »anschieben«, als säße man auf einer Schaukel, von hinten nach vorn in die Bewegung einschwingen, ohne daß der Oberkörper hinter die Senkrechte kommt.

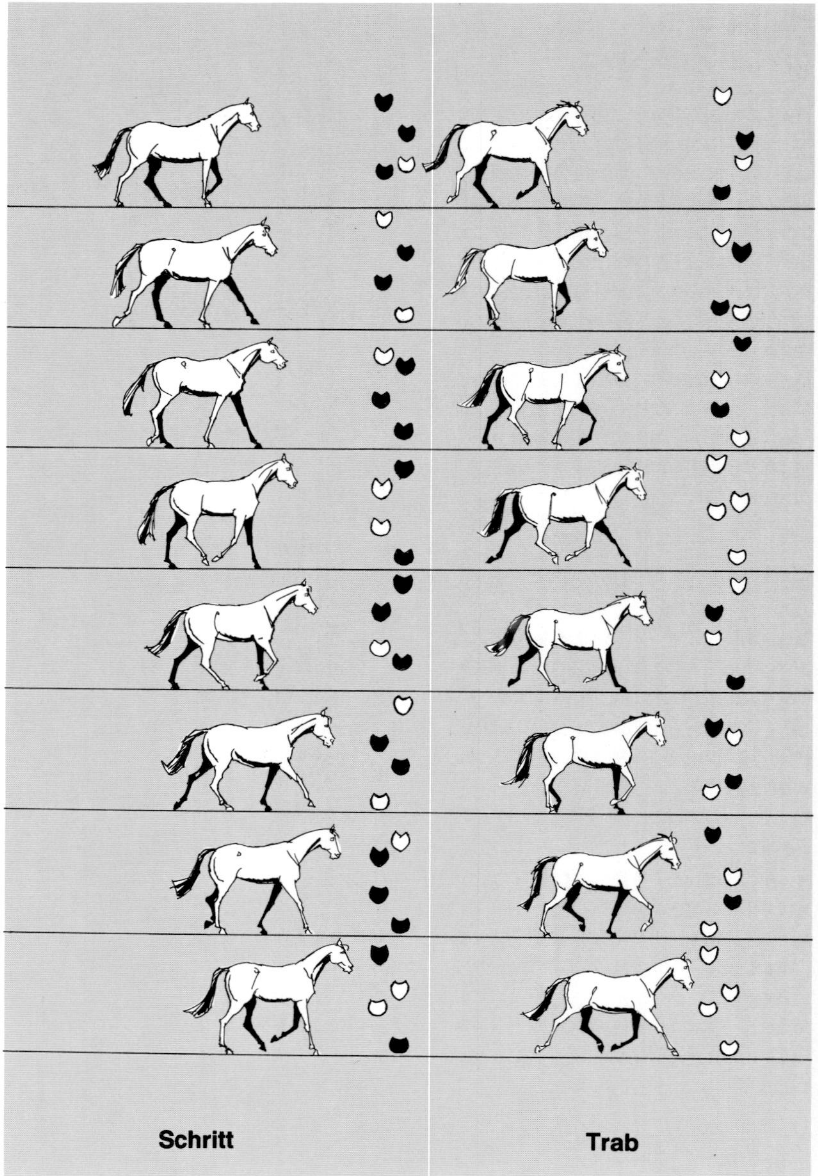
Schritt
Trab

Galopp

Rückwärtsrichten

Schenkel schließen, »ansaugen«.

Zügel Durch leichtes Vorgehen mit der Hand Bewegung nach vorn ermöglichen.

Stimme Leichtes Schnalzen.

Fehler

- ► Ein monoton klopfender Schenkel sieht nicht nur unschön aus, sondern er wird für Pferd und Reiter zur Gewohnheit und bringt beiden nichts – das Pferd stumpft ab und der Reiter verkrampft sich schließlich im ganzen Körper und kann nicht mehr in die Bewegung eingehen.

Tip

- ■ Ist das Pferd abgestumpft und schwer zu treiben, sollte der Reiter nicht mit zu starker Schenkeleinwirkung und immer schärferen Sporen arbeiten, sondern lieber gleich die Gerte als Hilfsmittel benutzen. Ein weiches Federn der Gerte aus dem Handgelenk, ein »Antippen«, muß genügen.

Hilfen zum Angaloppieren
Galopp-Position des Reiters

Gewichtshilfen Inneren Gesäßknochen belasten, äußere Schulter zurück.

Schenkelhilfen Innerer Schenkel treibt am Gurt, äußerer Schenkel liegt begrenzend hinter dem Gurt.

Zügelhilfen Halbe Parade außen, bis das Pferd angaloppieren darf, zum Angaloppieren mit der inneren Hand vorgehen, den Galoppsprung herauslassen.

Galopp-Position des Pferdes
Das Pferd ist durch die Position des Reiters leicht nach innen gestellt, dadurch wird ihm das richtige Angaloppieren erleichtert.

Angaloppieren Impuls des inneren Schenkels löst Galopp aus. Nachgeben des inneren Zügels.

Sitz im Galopp Das Gesäß bleibt im Sattel, der Reiter muß stillsitzen.

Fehler

- ► Klappendes Gesäß.
- ► Übertriebene Bewegungen im Oberkörper.

Tip

- ■ Nicht »durchschieben« oder den Sattel »auswischen« wollen, sondern sich vorstellen, man habe ein Gelenk kurz unterhalb der Taille und die Galoppbewegung werde nur aus der Hüfte mitgemacht, nicht aber mit dem ganzen Oberkörper.

Außengalopp Galoppiert das Pferd falsch an, so sieht man dies an den Schultern, es greift nämlich dann mit dem äußeren Beinpaar weiter vor statt mit dem inneren. Ein Reiter, der schon fühlen gelernt hat, wird merken, daß er vom Pferd »falsch hingesetzt wird«.

Tip

- Auf gebogenen Linien angaloppieren, dann hat das Pferd die richtige Stellung.
- Impuls zum Angaloppieren, wenn das innere Hinterbein auffußt.
- Immer aus dem Schritt oder aus dem ruhigen Trab angaloppieren.

Steigerung vom Mittelschritt (oben) zum starken Schritt (unten).

Tempounterschiede innerhalb einer Gangart

Zulegen – Einfangen

In diesem Stadium der Ausbildung ist es für Pferd und Reiter erst einmal wichtig, Tempounterschiede innerhalb einer Gangart zu erwirken, ohne Wert auf die korrekte Ausführung von z. B. Mitteltrab oder starkem Trab legen zu wollen – dies gehört nicht in den Rahmen dieses Buches, sondern es betrifft die Dressurreiter.
Begnügen wir uns also mit einem mittleren Tempo für alle Gangarten, dem sogenannten Arbeitstempo, und einer daraus zu entwickelnden Steigerung.

Schritt = Mittelschritt
Steigerung: starker Schritt

Trab = Arbeitstrab
Steigerung: Mitteltrab

Galopp = Arbeitsgalopp
Steigerung: Mittelgalopp

Zusammenwirken der Hilfen

Oben: Arbeitstrab.
Unten: Mitteltrab.

Oben: Arbeitsgalopp.
Unten: Mittelgalopp.

Unter **Arbeitstempo** verstehen wir ein dem jeweiligen Pferd angepaßtes frisches, taktmäßiges Tempo, weder eilend noch schleppend.
Bei der Steigerung **(Zulegen)** sollen alle Bewegungen raumgreifender, aber weder eiliger noch schneller werden.
Beim Zurückführen des Tempos **(Einfangen)** müssen wir durch mehrere halbe Paraden zu gleichmäßigem, fleißigem Arbeitstempo kommen.

Hilfen Vermehrt treibende Einwirkung mit Kreuz und Schenkel, vorgehen mit der Hand, ohne die Anlehnung aufzugeben.

Fehler

- Durch zu starkes Treiben aus dem Takt kommen.
- Den Oberkörper zurücklegen – das ist ein grober Fehler!

Wendungen reiten

Wir unterscheiden das Reiten auf geraden und gebogenen Linien. Das Pferd soll stets **»spuren«**, d. h. sowohl auf geraden als auch auf gebogenen Linien mit den Hinterhufen in die Spur der Vorderhufe treten.

(Auf der Geraden sieht man bei noch nicht fertig ausgebildeten Pferden oft, daß sie schief gehen – diese **Schiefe** ist natürlich und Tier wie Mensch angeboren. Durch gleichmäßiges Biegen auf beiden Seiten kann man im Laufe der Ausbildung zum Geraderichten des Pferdes kommen.)

Klar gebogenes Pferd in der Wendung

In der Darstellung von oben sieht man die Übereinstimmung der Schulter- und Hüftachse von Pferd und Reiter

Ausführung
In der Wendung soll die gesamte Wirbelsäule des Pferdes auf die gebogene Linie eingestellt sein. Ist dies der Fall, so spurt auch jetzt die Hinterhand in die Vorhand. Der Reiter sieht das innere Auge und den inneren Nüsternrand schimmern.

Kinder auf Ponys und Anfänger müssen begreifen, daß der äußere Zügel und der innere Schenkel in Verbindung gebracht werden müssen: Der innere Schenkel treibt an den äußeren Zügel heran, und der innere Zügel gibt nach.

Hilfen Jede Wendung wird eingeleitet durch den Blick des Reiters in die gewünschte Richtung. Dadurch nimmt er Oberkörper (Schulter) und Gewicht in die richtige Position und belastet den inneren Gesäßknochen. Die Wendung wird mit dem äußeren Schenkel und dem äußeren Zügel begrenzt. Der innere Schenkel sorgt für ein fleißiges Untertreten des inneren Hinterbeines, der innere Zügel gibt nach.

Der äußere Zügel in der Wendung
Der äußere begrenzende Zügel ist so enorm wichtig, daß wir in diesem Kapitel besonders darauf eingehen möchten.
Fast alle Reiter gehen von der irrigen Annahme aus, man könne ein Pferd wenden, indem man am inneren Zügel zieht, oder es »an den Zügel stellen«, indem man innen Paraden gibt.

Jeder Reitschüler sollte im Schritt, im Trab und später im Galopp erfühlen lernen, wie leicht sich ein Pferd wenden läßt, wenn man mit der inneren Hand nachgibt statt zu ziehen.
Wechselt man durch eine Wendung die Richtung, so muß man selbstverständlich »umsitzen« und dem Pferd einige Tritte Zeit lassen, sich umzustellen.

Fehler
- Das Pferd am inneren Zügel herumziehen.
- Vergessen der Schenkelhilfen.
- Falsche Gewichtsverlagerung nach außen statt nach innen.

Tip
- Wendungen nur mit Gewichtsverlagerung und dem äußeren Schenkel üben (nicht in der Hüfte einknicken).

Schenkelweichen (Viereck verkleinern – vergrößern)

Das Schenkelweichen erfüllt folgende Zwecke:

1. Es ist eine Gehorsamsübung für das Pferd.
2. Der Reiter lernt, den einseitig treibenden Schenkel wirkungsvoll einzusetzen.
3. Der Reiter lernt, das Pferd mit dem inneren Schenkel an den äußeren Zügel zu treiben.

Ausführung
Beim Schenkelweichen ist das Pferd leicht um den treibenden Schenkel gegen die Bewegungsrichtung gebogen und tritt Schritt für Schritt seitwärts, wobei es um etwa 45° von der Bande abgestellt ist.

Hilfen Beispiel: Dem linken Schenkel weichen lassen. Sinnvollerweise beginnt das Schenkelweichen aus der zweiten Ecke der kurzen Seite, weil das Pferd dazu bereits die richtige Stellung hat. Die Vorhand tritt nun auf den zweiten Hufschlag, so, als wolle man aus der Ecke abwenden. Nun veranlaßt der linke Schenkel durch Druck am Gurt das Pferd zum Seitwärtstreten an den äußeren (rechten) begrenzenden Zügel und Schenkel. Der rechte (äußere)

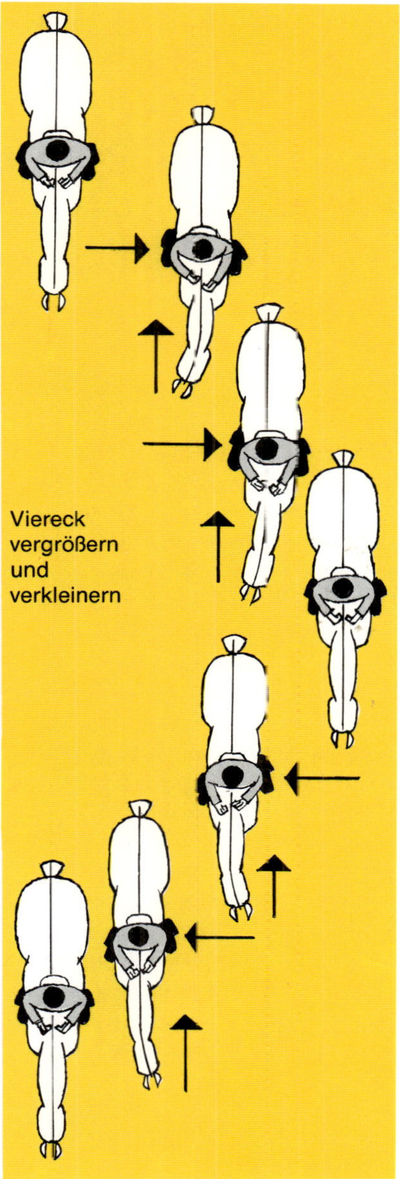

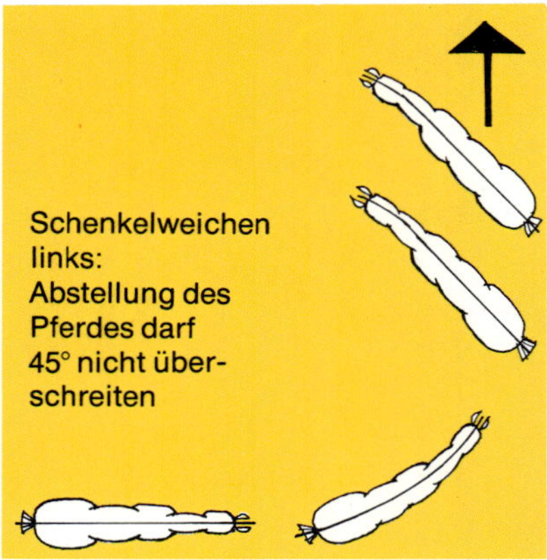

Schenkel liegt dabei eine Handbreit hinter dem Gurt und verhindert begrenzend ein Zurückgehen auf den Hufschlag oder ein zu schnelles »Seitwärtsgleiten«.
Das Gewicht des Reiters ruht auf dem linken (inneren) Gesäßknochen. Die rechte Hand führt gemeinsam mit dem rechten Schenkel das Pferd, die linke (innere) sorgt für eine gleichmäßige, leichte Linksstellung – gemeinsam mit dem linken Schenkel.

Fehler

- Das Pferd wird mehr als 45° abgestellt.
- Es wird nur im Hals herumgezogen, die Vorhand bleibt auf dem Hufschlag.
- Der Reiter wirkt zu stark mit der Hand ein.
- Der äußere begrenzende Schenkel fehlt, das Pferd tritt nicht richtig über.
- Es wird zu stark getrieben und kriecht oder eilt seitwärts, statt ruhig zu treten.
- Der Reiter knickt in der Hüfte ein.
- Der Reiter zieht den treibenden Schenkel (Absatz) hoch.

Tip

- Ist das Pferd ledern, d. h. nimmt es den Schenkel nicht an, sollte man eine Gerte zur Hilfe nehmen.
- Schenkelweichen wie folgt: Geradeaus auf die Mittellinie gehen, vom Mittelpunkt aus dem rechten (oder linken) Schenkel weichen lassen und, ähnlich wie beim Viereck verkleinern – vergrößern, seitwärts auf den Hufschlag reiten. Dabei wird das Vorwärtsreiten selbstverständlicher betont: Die Pferde **gehen** statt zu kriechen, wie man es leider so oft beim Schenkelweichen an der Bande sieht.
- Die innere Hand muß immer wieder nachgeben, denn das Pferd soll am äußeren Zügel stehen!

Wichtig

- Nur in Teilabschnitten den Schenkel weichen lassen: Das Geradeaus- und Vorwärtsreiten soll den Vorrang haben.
- Möglichst vermeiden, die Pferde mit dem Kopf zur Bande dem Schenkel weichen zu lassen, denn diese Übung ist nicht pferdegerecht!

Vorhandwendung

Die Vorhandwendung wird zwar in allen Reitlehren beschrieben und in manchen Dressuraufgaben verlangt, sie dient jedoch ausschließlich dazu, dem Reiter das Gefühl für den seitwärtstreibenden Schenkel zu vermitteln; für das Pferd ist sie wenig sinnvoll, da sie sich zu sehr auf der Stelle abspielt und die Vorhand oft zu stark belastet wird.

Ausführung
Bei der Vorhandwendung soll die Hinterhand um die Vorhand herumtreten, wobei das Pferd, ähnlich wie beim Schenkelweichen (s. Seite 89), um den treibenden Schenkel gebogen ist.

Hilfen Wie beim Schenkelweichen, nur geschieht die Vorhandwendung aus dem Halten.

Fehler

- Meist wird dem Pferd der Kopf gegen die Bande gezogen und die Hinterhand möglichst schnell um die Vorhand getrieben. Allzu oft tritt sich dabei das Pferd auf die eigenen Füße, was zur Folge hat, daß die Pferde entweder von sich aus eilen, um der ungeschickten Hilfengebung zuvorzukommen, oder die Übung nur widerwillig ausführen.

Vorhandwendung rechts, dargestellt in drei Phasen.

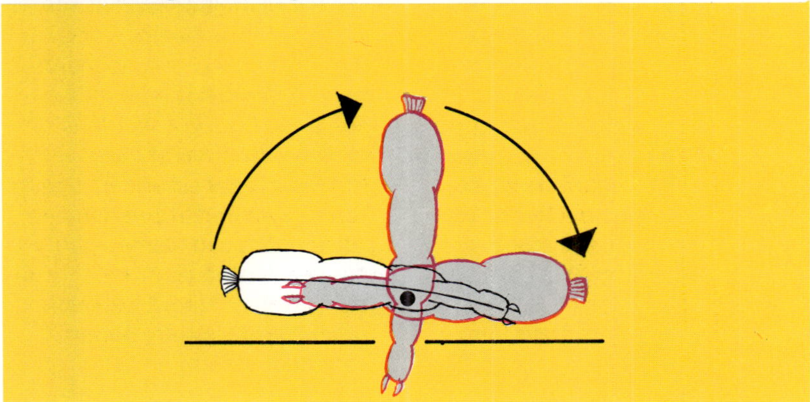

Tip
- Sinnvoller ist es, die Wirkung des seitwärtstreibenden Schenkels zu erlernen, indem man z. B. vom Mittelpunkt (X) der Bahn aus das Pferd seitwärtstreibend auf den Hufschlag zuführt (s. Seite 90).
- Muß man unbedingt die Vorhandwendung üben, dann bitte nur auf dem zweiten Hufschlag und langsam, Tritt für Tritt!

Rückwärtsrichten

Am Beispiel dieser Übung läßt sich überprüfen, ob das Pferd gehorsam an den Hilfen steht, d. h. »durchlässig« ist, denn Rückwärtstreten ist für das Pferd eine unnatürliche und im Grunde unangenehme Bewegungsform.

Ausführung
Das Pferd darf nicht zum Rückwärtstreten gezwungen werden müssen (dann ist es nämlich noch nicht durchlässig genug), es soll im Gegenteil willig in diagonaler Fußfolge zurücktreten und darf dabei weder eilen noch »kriechen« noch seitwärts ausfallen. Der Reiter muß in der Lage sein, jeden einzelnen Tritt zu bestimmen. Ein bis vier Tritte sind genug!

Hilfen Das Rückwärtsrichten wird aus dem Halten zunächst durch einen Impuls nach vorn eingeleitet, den jedoch die anstehende, aber vibrierende Hand in ein Rückwärtstreten umwandelt. Der Reiter entlastet dabei den Rücken leicht, ohne nach vorn zu fallen. Beide Schenkel liegen gleichmäßig, zugleich leicht treibend und begrenzend, eine Handbreit hinter dem Gurt. Damit bewirken sie die Bewegung (leicht treibend) und sorgen zugleich für ein gerades Zurücktreten (begrenzend).

Fehler
- Rückwärtsziehen (riegeln).
- Zurücklehnen des Oberkörpers.
- Das Pferd eilt rückwärts.
- Das Pferd tritt schief.

Tip
- Rückwärtsrichten erst dann üben, wenn das Pferd entspannt an den Hilfen steht.
- Rückwärtsrichten nicht zu oft üben, sich mit wenigen Tritten begnügen, sich um besonders feine Hilfengebung bemühen, damit die Übung vom Pferd nicht als Strafe verstanden wird.
- Pferd nach der Übung belohnen.
- Rückwärtsrichten zunächst an der Bande üben; das erleichtert das Geradetreten.
- Falls es nicht klappt, sich von unten helfen lassen, Stimmhilfen benutzen.

Der Ausritt

Das Geländereiten soll Pferd und Reiter ein Erlebnis der Freude und der Entspannung werden. Vor dem ersten Ausritt sind einige **Grundvoraussetzungen** zu erfüllen:

- Das Wichtigste ist ein ruhiges, geländesicheres Pferd.
- Der Reiter sollte unbedingt bereits in der Reitbahn frei von der Longe getrabt und galoppiert sein und in der Lage sein, sein Pferd zu beherrschen.
- Der erste Ausritt soll möglichst nicht an verkehrsreichen Stellen vorbeiführen, damit der Reiter nicht unsicher und nervös wird.
- Ausritte nur in kleinen Gruppen (maximal 4–6 Reiter).
- Ein erfahrener Reiter übernimmt den Anfang, ein anderer reitet am Schluß.
- Möglichst zu zweien nebeneinander reiten, das beruhigt Pferde und Reiter.
- Mindestens zwei Pferdelängen Abstand halten.
- Ausritt im Schritt beginnen.
- Nachgurten nicht vergessen.
- Längere Trabstrecke als Lösungsphase, Leichttraben mit Fußwechsel.
- Schrittreprisen einlegen.
- Schrittreprisen am hingegebenen Zügel reiten, damit die Pferde sich entspannen, sich umsehen dürfen – das verbessert auch den Schritt.

Der Reiter erleichtert dem Pferd das Bergauf- und Bergabklettern, indem er den Pferderücken entlastet.

- Galoppstrecken so wählen, daß sie vom Stall wegführen, weil die Pferde ein feines Empfinden für die Stallrichtung haben und eilen könnten.
- Nicht auf zu schmalen Wegen galoppieren (Unfallgefahr).
- Beim Bergaufgaloppieren den Pferden das Tempo und die Dauer des Galopps überlassen.
- Kleine **steile Hänge** nehmen Pferde bergauf gern im Galopp; der Reiter muß sich hier unbedingt am Hals und nicht am Zügel festhalten.
- Auf den Galopp folgt Schritt am langen Zügel.
- Hänge im Schritt senkrecht hinunterklettern. Längere Hänge führt man sein Pferd bergab.
- Zum **Durchparieren** im Gelände mit der Stimme beruhigen, nicht reißen oder schlagen!
- Dauer und Tempo des Rittes richten sich nach dem Können und der Verfassung von Pferd und Reiter.
- Den Ritt am langen Zügel im Schritt beenden.
- Das Pferd muß trocken in den Stall kommen.

Worauf man besonders achten muß

- Asphalt, steinige Wege und tiefen Sand meiden: Was der Asphalt für die Knochen und der Schotter für die Sohle – ist der tiefe Sand für die Sehnen! Unbedingt Schritt reiten!
- Zum Ausreiten muß man ein Gefühl für die Atmung des Pferdes entwickeln: Zu oft vergessen die Reiter aus Freude am Galoppieren, daß die Pferde **Pausen** brauchen.

Immer mehr Reiter erkennen, wie erholsam es ist, mit einem Pferd in schöner Landschaft mehrere Stunden unterwegs zu sein.
Ohne Zwang zu sportlichen Leistungen kann man mit seinem Pferd eins werden und die Naturschönheiten auf sich wirken lassen.

- Es ist durchaus ein Erlebnis, sein Pferd auch einmal spazierenzuführen und es auf einer Waldlichtung grasen zu lassen. Das ist sicherlich eine pferdegerechtere Lösung als die Einkehr in eine Waldschenke. Und noch etwas:
- Reiter sind auch Naturfreunde, daher achten (und grüßen) sie nicht nur solche Mitmenschen, die die Natur auf ihren eigenen Füßen durchwandern, sondern meiden auch deren Fußwege.
- Reiter, die Fußgänger in die Büsche springen lassen, sind unritterlich!
- Genauso unritterlich und gefährlich ist es, an anderen Reitern vorbeizugaloppieren! Man begegnet und überholt sich vorsichtshalber im Schritt, dann kann man sich auch viel netter guten Tag sagen.
- Man reitet weder auf bestellten Feldern noch auf Wiesen und Weiden, noch durch Schonungen oder auf Fuß- oder Radwegen.
- Nach dem Ausritt das Pferd versorgen: Sattellage abschwammen, Nüstern, Maul und After auswaschen. Beim Abspritzen und Hufereinigen nach Verletzungen sehen, bei kühlem Wetter einige Minuten führen.

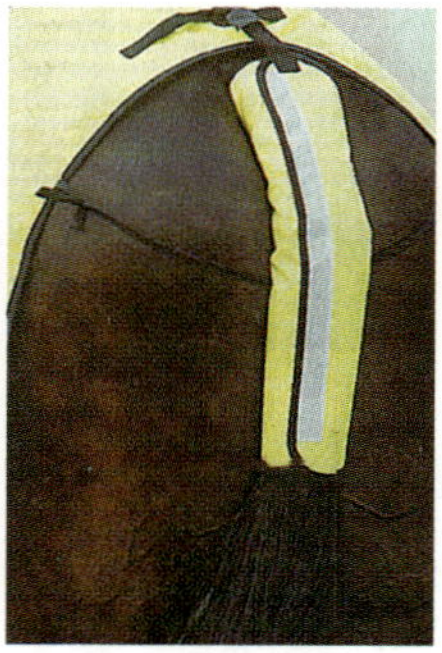

Stark reflektierende, strapazierfähige Leuchtgamasche mit stufenlosem Klettverschluß.

Der Reiter als Verkehrsteilnehmer

- Sicherheit geht vor: Verkehrsscheue Pferde gehören nicht auf die Straße (zu Hause auf dem Hof üben!).

Wasserdichte Trainingsdecke mit Sattelausschnitt und Klettverschluß. Aufgenähte, stark reflektierende Sportpferd-Embleme.

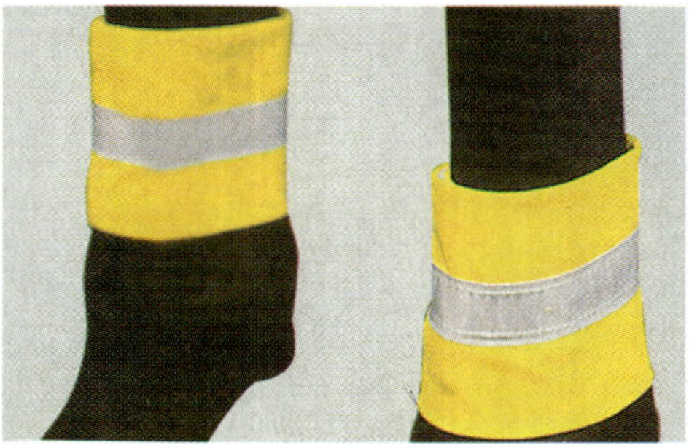

Grundsätzlich gelten für Reiter die Regeln der Straßenverkehrsordnung: Der Reiter verhält sich sinngemäß wie ein Kraftfahrer oder Radfahrer.

- Reiten im Stadtverkehr ist nicht gestattet.
- Ob man außerhalb einer Ortschaft auf dem Bürgersteig oder auf der Straße reitet, ist Ermessenssache und bleibt dem Feingefühl des Reiters überlassen. Auf dem Gehweg darf nur geritten werden, wenn kein Fußgängerverkehr besteht.
- Die Straße wird von allen Reitern zugleich überquert; notfalls die Autos mit Handzeichen warnen.
- Höchstens zu zweien nebeneinanderreiten, das unsichere Pferd geht rechts. Besser: einzeln hintereinanderreiten.
- Handpferd rechts führen.
- Bei Dunkelheit muß das Pferd mit reflektierenden Fesselbändern versehen sein; der Reiter trägt eine Lampe am linken Steigbügel, die vorn weiß und hinten rot leuchtet.
- Kraftfahrer sind verpflichtet, auf Tiere Rücksicht zu nehmen. Absichtliches Hupen, Beschleunigen oder geräuschvolles Schalten sind unzulässig.

Das Pferd ist ein Herdentier, wie wir feststellen konnten, und so können wir auch beobachten, wie selbstverständlich schon ein Fohlen mit seiner Mutter alle möglichen Arten von kleinen Hindernissen überwindet. Nutzen wir diese natürliche Anlage für das Erlernen des Springens, so werden wir damit wenig Probleme haben.
Nicht umsonst kommen die besten Military-Reiter aus England, denn dort sammeln die Reiter auf geländesicheren Pferden gleichsam beiläufig ihre ersten Springerfahrungen über kleine natürliche Hindernisse im Gelände.
Mit Hilfe dieser natürlichen Methode erlernt man das Springen aus dem flüssigen Bewegungsablauf, ohne daß jeder Sprung für Pferd und Reiter zum Staatsakt wird!

Ein Sprung in jeder Höhe und Breite ist nur ein verlängerter Galoppsprung, und der Reiter kann sich der Flugphase im leichten Sitz beliebig anpassen, wenn er katzenartig und geschmeidig am Pferd bleibt.

Wir setzen voraus, daß der leichte Sitz beherrscht wird und gefestigt ist.
Nun lassen wir ein ruhiges, sicheres Pferd mit einem guten Reiter den Anfang übernehmen. Ein bis zwei Pferde schließen sich an und werden von diesem »Führpferd« mitgezogen.

Natürliche Hindernisse im Gelände werden von Pferden meist gerne und sicher überwunden.

Voraussetzung dafür ist jedoch, daß die Pferde diese Methode kennen und nicht wegstürmen, damit ein Abstand von mindestens zwei Pferdelängen erhalten bleiben kann.

Die Reiter müssen ihrerseits soviel Vertrauen zu dieser Methode, zum Pferd und nicht zuletzt zu sich selbst haben, daß sie sich nicht aus Angst plötzlich am Zügel festhalten und den natürlichen Bewegungsfluß des Pferdes stören.

Es ist sehr wichtig, sich immer darauf einzustellen, daß Pferde auch vor einem kleinen Hindernis früh abspringen, wenn man sie nur läßt.

Ein Pferd springt aus dem fließenden Galopp viel angenehmer, als wenn man es mit Paraden zurückhält und meint, den Absprung selbst bestimmen zu müssen. (Nur wenige Reiter sind jemals in der Lage, es den großen Könnern gleichzutun und einem Pferd den Absprung passend zu machen!) Diese natürliche Methode des Springenlassens und Springenlernens ist ein sicherer Weg, sich gegenseitig Vertrauen zu schenken: Der Reiter vertraut sich dem Pferd an, das Pferd vertraut dem Reiter, daß es nicht gestört wird.

Der Reiter vertraut sich dem Pferd an

Weil das Pferd nicht allein springen muß, sondern dem Führpferd folgt, springt es sicher und flüssig und wird gar nicht erst auf die Idee kommen, zu verweigern. Dadurch gewinnt der Anfänger viel leichter das Gefühl für den natürlichen Bewegungsablauf beim Springen als auf Pferden, die häufig vorbeilaufen, stehenbleiben oder wegstürmen.

Das Pferd vertraut dem Reiter

Der Reiter ist darauf eingestellt, daß sein Pferd früh abspringt. Er geht beim Absprung mit der Hand so weit vor, wie es das Pferd zur Dehnung braucht: bei kleinen Sprüngen weniger, bei höheren und breiteren mehr. Ein zu plötzliches Vorgehen verwirrt das Pferd.

Der leichte Kontakt zum Pferdemaul sollte erhalten bleiben: Man muß jederzeit in der Lage sein, das Pferd nach dem Sprung durchzuparieren. (Stimmhilfen benutzen statt am Zügel zu reißen!)

Fehler

- ▸ Hinter der Bewegung zurückbleiben.
- ▸ Sich am Zügel festhalten.

Tip

- ■ Anfangs dient ein Halsriemen als Hilfe für die ruhige, tiefe Hand.
- ■ Unter Umständen können diese ganz kleinen Sprünge auch im leichten Sitz aus dem Trab überwunden werden.

Sind Pferd und Reiter sicher genug, so können sie selbstverständlich auch jedes Hindernis entweder als Anführer oder ganz allein überwinden.

Bei Hindernissen von stabiler Bauweise sind die Pferde immer besonders aufmerksam und vorsichtig. Die Reiterin gibt dem Pferd die gewünschte Freiheit und paßt sich optimal an. ▷

Das Bild eines Jagdfeldes versetzt nicht nur die Zuschauer in Begeisterung; auch Pferde und Reiter empfinden das freie Galoppieren in schöner Umgebung als wohlverdienten Ausgleich für mühselige Arbeitsstunden in der Reitbahn, die so manchen Schweißtropfen gekostet haben. Ohne den prüfenden Blick eines Lehrers oder eines Richterkollegiums kann der Reiter sein ganzes Können, seinen Mut und seine Geschicklichkeit entfalten.

Eine echte Freude ergibt sich aber nur dann, wenn Pferd und Reiter genügend darauf vorbereitet sind. Ein gutes Jagdpferd muß rittig sein, die Hilfen des Reiters willig annehmen, sicher springen, gut im Temperament, ausdauernd und gesund sein – Eigenschaften, die man nicht ohne weiteres voraussetzen darf, sondern sinnvoll herangebildet und erworben werden müssen.

Bei entsprechender Ausbildung und **Vorbereitung** kann praktisch jedes Reitpferd, das den Anforderungen eines Jagdspringens der Klasse A genügt, einfache Reitjagden mitgehen. Jüngere Pferde schult man in Gemeinschaft mit anderen, oder man reitet sie in Feldern für junge Pferde. Ausgesprochen unvernünftig ist es, ausschließlich in der Reitbahn zu reiten und unvorbereitet an Jagden teilzunehmen. Dann regen sich die Pferde durch das viele Ungewohnte und Neue auf, sie werden heftig und behindern andere Pferde und Reiter; die ganze Reitjagd besteht dann schließlich aus einem dauernden Kampf zwischen dem Reiter und seinem Pferd.

Beim Jagdreiten gelten die gleichen Grundsätze wie beim Reiten im Gelände.

Das Sattelzeug wird überprüft und die Bügel zwei Loch kürzer geschnallt. Während der Jagd wird ein gleichmäßiges Tempo geritten, das der Master bestimmt. Man reite und springe immer geradeaus, um seinen Nebenmann nicht zu behindern.

Heftige Pferde reitet man an die Seiten des Feldes, da dort immer die Möglichkeit besteht, seitlich abzuwenden und auszuweichen. Ständiges Zurückhängen hinter dem Jagdfeld und Wiederaufgaloppieren machen nicht nur das eigene Pferd nervös und heftig, sondern auch die übrigen vierbeinigen Jagdteilnehmer. Und den Reitern wird dadurch nur der Spaß verdorben. Die **Hindernisse** sind breit aufgebaut, so daß sie von mehreren Pferden gleichzeitig genommen werden können. Bleibt ein Pferd stehen, darf der Reiter nicht einfach seitlich ausweichen, wie er es vom Einzelparcours gewöhnt

ist, sondern er muß sich vorher davon überzeugen, ob er dann nicht etwa einen **Nebenreiter** behindert. Ein zu starkes **Aufreiten** beim Springen und im Feld ist gefährlich, denn zu leicht ergeben sich dadurch Verletzungen beim Vorderpferd wie beispielsweise Ballentritte.
Das Jagdreiten erfordert äußerste **Disziplin und Höflichkeit**. In Deutschland werden Jagden über vorher festgelegte Strecken geritten. In landwirtschaftlich stark genutzten Gebieten sind die Möglichkeiten einer bezeichneten Jagdstrecke begrenzt. Man achte daher beim Reiten auf die landwirtschaftlichen Kulturen.
Nach einem **Stop** ist es ratsam, stark schwitzende Pferde zu führen und nicht der Zugluft auszusetzen.
Eine Reitjagd mit Hunden, also hinter der Meute, gehört zu den schönsten Erlebnissen eines Reiters.

Jeder Jagdreiter hat durch sein Verhalten im Jagdfeld zum guten Gelingen der Jagd beizutragen. Einige Hinweise zur Beachtung:

- Nehmen Sie Rücksicht auf die anderen Reiter im Jagdfeld.
- Reiten Sie nie ein schlagendes Pferd mitten im Feld, sondern am Schluß.
- Ein Kreuzen des Jagdfeldes gefährdet nachkommende Reiter und ist zu vermeiden.
- Springen Sie nie ohne Abstand hinter einem anderen Pferd.
- Sicher springende Pferde werden vorne im Jagdfeld geritten, junge und unsichere Pferde hinten.
- Ist eine Stelle zum Springen gewählt, bleiben Sie dabei, nachfolgende Reiter können sich darauf einstellen.
- Haben Sie Verständnis für jene, die junge Pferde reiten.
- Galoppieren Sie nicht zu dicht hinter ihnen oder vor ihnen an einem Hindernis vorbei.
- Heftige Pferde sind an den Seiten des Feldes zu reiten, wo das Anlegen einer großen Volte ungehindert geschehen kann.
- Bleibt ein Pferd vor einem Hindernis stehen, reiten Sie erst zur Seite, wenn der Weg frei ist.
- Sollte jemand stürzen ist Hilfeleistung der nachkommenden Reiter selbstverständlich.
- Das Überholen des Masters ist untersagt.
- Ein korrekter Reitanzug und das Tragen einer gut befestigten Reitkappe sind selbstverständlich.
- Auf Zuschauer besondere Rücksicht nehmen!

Das Jagdreiten ist auch immer ein Naturerlebnis, denn jede Landschaft hat ihre besonderen Reize. Zur Pflege und Erhaltung dieses schönen Sports sollten wir alle, auch zu unserer eigenen Freude, beitragen.

Vorbereitung für den Transport

Es ist besser, zu vorsichtig zu sein und das Pferd entsprechend einzupacken, als das Risiko von Verletzungen oder Erkältungen einzugehen!

Um den Pferden die Fahrt angenehmer zu machen, gehört in jeden Transporter ein Heunetz.
Bei der Fahrt sollte zwar für frische Luft gesorgt sein, aber Zugluft ist gefährlich.
Bei Nachtfahrten eventuell Licht im Transporter anlassen.

Aufladen

Das Aufladen muß mit Ruhe und Vorsicht geschehen. Pferde lassen sich leichter aufladen, wenn die Rampe nicht zu steil liegt und das Innere des Transporters hell ist.
Ist ein Pferd trotzdem beim Aufladen scheu, stellt man rechts und links der Rampe Fänge auf oder spannt Longen und versucht, das Tier mit Leckerbissen zu locken.
Das einfachste Mittel: zunächst ein anderes Pferd auf den Transporter führen.
Beim Führen vorgehen, das Pferd nicht ansehen.

Diese beiden Lipizzaner genießen sichtlich die Reise.

Jede Aufregung vermeiden! Schläge und Schreie bezwecken nur, daß mit dem Verladen Schmerz und Angst in Verbindung gebracht werden, mit dem Erfolg, daß sich beim nächstenmal das Pferd noch mehr widersetzt!

Das Verladen sollte man ohne Zeitzwang üben. Ganz schwierige Pferde können einige Male im Transporter gefüttert werden.

Für den Transport »eingepacktes« Pferd mit Netzdecke, Transportgamaschen und Schweifschoner.

Abladen

Bevor die Rampe herabgelassen wird, binden wir das Pferd los. Beim Ausladen mit derselben Ruhe vorgehen wie beim Aufladen, damit sich das Pferd nicht aufregt und seitlich von der Rampe springt. Nach dem Abladen ein wenig führen, damit es sich die Beine vertreten kann.

Transportscheue Pferde

Manche Pferde lassen sich besser in einem Zweipferdehänger allein transportieren, weil sie in den schmalen Einpferdehängern Platzangst haben; andere wieder haben Angst allein und sind ruhiger, wenn sie Gesellschaft haben. Das muß man in Ruhe ausprobieren!

Fahren des Transporters

Man fahre einen Pferdetransporter so, als habe man ein Baby oder die Großeltern im Auto: Sanft, gefühlvoll anfahren und halten, vor Kurven rechtzeitig bremsen und jegliches ruckweise Fahren und Schalten vermeiden!

Je früher man mit dem Reiten beginnen kann, desto besser! Aber kleine Kinder gehören unbedingt auf kleine Pferde!
In der Regel kann im Alter von 7–8 Jahren mit dem Reiten auf Ponys begonnen werden. Früher ist das »Drum und Dran« mit Pferden körperlich noch zu anstrengend. Jedenfalls müssen eine gute Anleitung im Umgang mit Pferden und guter Reit- oder Voltigierunterricht gewährleistet sein.

Wichtig ist die korrekte Sattelung und Zäumung der Ponys. Häufig werden viel zu große Gebisse verwendet und die Sättel sitzen schlecht. Es ist nur vernünftig und keineswegs eine Schande, Vorderzeug und Schweifriemen zu verwenden, damit der Sattel auf dem runden Ponyrücken hält.

Grundsätzlich sollten sich die Eltern darüber klar sein, was das Kind leisten kann. Kinder überschätzen häufig die eigene Kraft und können auch Fehlleistungen noch nicht richtig beurteilen. Hier setzt die pädagogische Hilfe der Eltern ein. Aber: Das Verhalten der Kinder richtet sich fast immer nach dem Verhalten der Eltern! Daher hüte man sich vor falschem Ehrgeiz. Kinder sollen beim Reiten und beim Umgang mit Pferden lernen. Sie sollen **Verantwortlichkeit** und **Kameradschaftlichkeit** üben, aber nicht Neid, ungesunden Ehrgeiz und übersteigertes Ich-Bedürfnis entwickeln. Dabei kann und soll das Pferd erzieherisch wirken, da sich das Kind darauf einstellen muß.
Ponys sind oft sehr viel dickköpfiger als Großpferde. Ein Pony ist sich, im Gegensatz zu fast allen Großpferden, seiner vollen Körperkraft bewußt. Das kann Kinder zweierlei lehren: einmal ihren Verstand und ihr Geschick zu benutzen, das Pony doch dahin zu bringen, wo es hin soll, oder – und das wäre schade – das Pony mit reiner Grobheit zu behandeln.
Also muß das Pony charakterlich in Ordnung sein. Das Kind darf in ihm weder Spielzeugersatz noch einen Schoßhund sehen. Immer wieder sollte es durch verständige Erwachsene zum richtigen Umgang angeleitet werden.
Ideal wäre es, das Kind zunächst an einem **Führzügel** mitzunehmen. Den Führzügel hält man in der rechten Hand, das Pony geht auf gleicher Höhe wie das Großpferd. So kann man dem Kind das richtige Verhalten im Gelände auf ziemlich sichere Weise beibringen. Der große Vorteil dabei ist die Möglichkeit des Vormachens und Nachahmens: Kinder lernen bekanntlich in erster Linie durch Nachahmung.

Trotz des guten Einvernehmens zwischen Kindern und Pferden sollte man ein gewisses Maß an Vorsicht nicht außer acht lassen. ▷

Das Reiten bedeutet für viele Kinder in jeder Hinsicht eine besonders gute Motivation. Das Pferd bringt sie dazu, Ratschläge der Erwachsenen zu akzeptieren – und häufig sind schwierige Kinder auch zu Hause sehr viel leichter »zu haben«, wenn sie mit Pferden umgehen dürfen.
Auch die Teilnahme an **Turnieren** darf nicht zur Geburtsstunde von Neid und persönlichem Ehrgeiz werden, sondern sie soll im Gegenteil Gruppenbewußtsein und Kameradschaft fördern und festigen.

Das Pony als Gefährte in Spiel und Sport – hier einmal als Zuschauer bei den Pony-Prüfungen der Dublin Horse Show.

Vernünftige Eltern sollten den Kauf eines eigenen Ponys so lange hinauszögern, bis das Kind wirklich bewiesen hat, daß es in der Lage ist, die Verantwortung dafür zu übernehmen, und gelernt hat, das Pony vernünftig zu pflegen und zu reiten.

Wanderreiten

Jeder Reiter wird sich ein Nah- und ein Fernziel setzen: Für den Freizeitreiter ist es bestimmt ein lohnendes Fernziel, mit der Familie und dem voll integrierten Pferd Ferien auf dem Bauernhof zu machen. Hat man ein gesundes, ausgereiftes, gelände- und verkehrssicheres Pferd, über dessen Haltung und Pflege man Bescheid weiß, ist der leichte Sitz gefestigt, und hat man eine gewisse Sicherheit beim Reiten im Gelände erreicht, so kann man durchaus Ferien mit dem Pferd planen. Das ist für die ganze Familie die beste Gelegenheit, mit dem Pferd vertraut zu werden, nicht nur reiterlich, sondern besonders auch vom Umgang her. Ideal wäre, die Reise mit zwei Familien und mehreren Pferden zu planen – aber bitte nur, wenn sich alle gut verstehen und reiterlich zusammenpassen.

Ferienort

Natürlich muß der Ferienort unbedingt pferdegerecht ausgesucht werden: Weicher Boden, z. B. in der Heide oder in Schleswig Holstein, ist für Pferdebeine besser als steinige Hochgebirgslandschaften – diese kommen eher für Robustpferde in Frage. Es gibt Unterlagen für solche Ferienorte und Wandern zu Pferde im Reisebüro.

Vorbereitung des Pferdes

Selbstverständlich müssen wir das Pferd auf die Ferien vorbereiten, besonders dann, wenn es meist in der Bahn geritten worden ist. Ähnlich wie beim Jogging wird das Pferd im Gelände trainiert, indem man es erst kürzere und dann allmählich längere Strecken in freiem, ruhigem Tempo galoppieren läßt.

Planung der Ferien

Auch in den Ferien soll die Zeit sinnvoll eingeteilt werden, damit dem Pferd die Kraft und den Reitern die Freude erhalten bleiben. An den ersten Tagen müssen sich alle erst einmal eingewöhnen. Nach etwa einer Woche kann man z. B. einen Tagesausflug planen, und zum Ferienende geht man in der Leistung wieder etwas zurück. Wir müssen unbedingt durch ein gezieltes Rahmenprogramm sicherstellen, daß auch die nichtreitenden Familienmitglieder an diesen Ferien teilnehmen können, damit keine Streitigkeiten entstehen, z. B. Mitfahren mit dem Fahrrad, Jogging, Pferdewechsel, Schwimmen mit dem Pferd, eine Schnitzeljagd organisieren oder – wenn mehrere Familienmitglieder reiten – »Orientierungslauf mit Reiterwechsel« probieren. Dazu sind ähnlich wie bei einer Sternfahrt

Ungetrübte Freude im Reiterurlaub ist nur dann gewährleistet, wenn die Pferde konditionsstark sind und das Terrain – wie hier an der Westküste von Nordirland – pferdefreundlich ist. Wer möchte nicht mit dieser Gruppe mitgaloppieren?

Posten aufzufinden, an denen jeweils Reiterwechsel gemacht wird. So entsteht hoffentlich kein Neid, wenn einer »nur« radfahren darf! Man kann auch untereinander Ämter verteilen oder auslosen wie Pferdeputzen, Einkaufen, Picknicks organisieren etc. Überhaupt machen Picknicks mit dem Pferd besonderen Spaß, abgesehen davon sind sie ideale Pausengelegenheiten.

Ausrüstung

Natürlich muß die Begleitmannschaft für einen Teil der Ausrüstung selbst sorgen – das dürfte mit Hilfe der Fahrräder kein Problem sein.

Am Sattel kann man Satteltaschen befestigen für die Ausrüstung:

- Kleine Satteltaschenapotheke (Kopfschmerzmittel, Medikamente gegen Verdauungsstörungen, Hirschtalgstift, Blauspray, Wundsalbe, medizinischer Puder, Mückenspray).
- Verbandszeug, Landkarten, Badesachen, Regenschutz, Taschenmesser, Picknick-Utensilien (bei Wanderritten natürlich auch Futter fürs Pferd) etc.
- Eine Folie vom ADAC (Alu-Folie für alle Unfälle, bei denen Schockgefahr besteht. Der Verunglückte erleidet keinen Temperaturverlust, wenn man ihn in die Folie einhüllt. Schützt auch

vor Nässe, da der Verunglückte ja mitunter längere Zeit auf den Abtransport warten muß).

- Wasserdichter Reitermantel, möglichst in einer Hülle, die man am Sattel befestigen kann.
- Leichte, windabstoßende Jacke (keine Skikleidung!).
- Sturzfeste Kappe.
- Spezielle Brillenetuis (nicht knickbare, die außerdem mit Schnallen zum Festmachen versehen sein sollten).

Für das Pferd

- Halfter (Nylonhalfter paßt in jede Tasche), Anbindestrick, Netzdecke, evtl. Satteldecke, Hufkratzer, Draht, Zange, Wundspray, Futter, Taschenmesser.
- Auf jeden Fall muß der Reiter im Sommer einen in Antifliegenspray getränkten Schwamm mitführen, der in einer Plastiktüte verstaut wird.

Besondere Erlebnisse für Pferd und Reiter

Ein Pferd, das ausschließlich im Stall gehalten wird, darf während der Ferien stundenweise auf die Weide. Allerdings kann für ein solches Pferd der **Weidegang** so ungewohnt sein, daß man es allmählich daran gewöhnen muß. Dafür eignen sich die Morgen- und Abendstunden am besten, da die Pferde im Hochsommer sehr unter Hitze und Insekten leiden.
Auch für die Ausritte ist **der frühe Morgen** am schönsten. Selbst wenn man in den Ferien gern ausschläft, sollte man sich auch einmal das Erlebnis eines Sonnenaufgangs mit dem Pferd in der freien Natur gönnen.

Ebenso ist ein **Nachtritt** ein ganz besonderes Erlebnis: Pferde sehen nachts sehr gut – und man muß nicht besonders romantisch veranlagt sein, um einmal einen Ritt bei Mondschein dem Fernsehkrimi vorzuziehen!
Um beim Naturerlebnis zu bleiben: Pferde lieben den **Schnee,** genau wie Hunde und Kinder! Dem lästigen Problem des Schneeklumpens im Huf kann man mit Huflederkitt oder besser mit einer Gummieinlage namens HUF GRIP abhelfen (Schmied fragen!). Bei unbeschlagenen Pferden kann der Schnee nicht klumpen.
Muß man unbedingt vereiste Stellen passieren, sollte man in die Hufeisen Stollen einschrauben und im übrigen das Pferd seinen Weg selbst suchen lassen.

- Ein Pferd ist weder ein Packesel noch eine Galoppiermaschine.
- In den Pausen absatteln, Halfter anlegen, Netzdecke auflegen, tränken, füttern, Gras fressen lassen.

Wanderreiter sind zu jeder Jahreszeit unterwegs. Das Wetter ist – wenn die Ausrüstung stimmt – dabei kein Handicap.

- Unbedingt Hufe nachsehen.
- Vorher beim Schmied informieren, was zu tun ist, falls sich einmal ein Eisen löst.
- Bei Nachtritten im Wald vorher den Förster fragen.
- Und noch etwas: Reiten über längere Strecken macht nicht nur das Pferd müde, sondern auch den Reiter, und wenn man steif wird, reitet man weniger schonend. Es ist daher für beide erholend und entspannend, wenn der Reiter zwischendurch einmal zu Fuß geht!

Voraussetzungen

Ein eigenes Pferd bedeutet – abgesehen von der finanziellen Belastung – eine große **Verantwortung**. Wer sich ein eigenes Pferd kaufen möchte, sollte jedenfalls ein sehr erfahrener, guter Reiter sein, über viel Zeit verfügen und in der Lage sein, dem Pferd eine möglichst artgerechte Unterbringung zu bieten (große Box, beste Pflege, Weide, Gesellschaft von anderen Pferden), zu der auch gute reiterliche Ausbildungsmöglichkeiten (Platz, Halle, Gelände) gehören.

Es sollte jemand da sein, der sich um das Pferd kümmern kann, wenn man selbst verhindert ist; ein Pferd tagelang im Stall stehen zu lassen ist nämlich Tierquälerei. Auch wenn es auf die Weide gehen kann, braucht es jemanden, der täglich nach ihm sieht.

Alle Notlösungen werden sich über kurz oder lang zu einer Belastung auswachsen!
Auch über den Zweck des Pferdes müssen wir uns im klaren sein: Will ich nur im Gelände reiten, will ich ein Familienpferd oder etwa ein Turnierpferd?
Das Pferd muß nicht nur in der Größe und im Charakter zum Reiter passen, sondern vor allem auch reiterlich. Es ist sinnlos, sich selbst zu überfordern. So hat es keinen Zweck, sich ein junges Pferd zu kaufen, wenn man nicht bereits genügend Erfahrung in der Pferdeausbildung besitzt, oder zu glauben, ein verrittenes Pferd korrigieren zu können! Auch ein zu gutes Pferd wird dem schlechten Reiter bald über den Kopf wachsen, außer man hat die Gelegenheit, ständig Unterricht zu nehmen und das Pferd bereiten zu lassen!
Hat man wirklich die Voraussetzungen für ein eigenes Pferd, sollte man sich genügend Zeit für die Suche lassen.

Pferdebeurteilung für den Laien

Auch der Nichtfachmann kann das »richtige« Pferd für sich finden, wenn er sich von seiner guten Beobachtungsgabe und vom gesunden Menschenverstand leiten läßt. Dann braucht er weder alle möglichen Fachleute zu Rate zu ziehen noch den langen, Vertrauen erweckenden Berichten der Verkäufer Glauben zu schenken.
Für den **Freizeitreiter** kommt es nicht darauf an, eine makellose Schönheit im Stall zu haben, sondern ein gesundes, gutartiges Pferd, das auf Anhieb sympathisch ist. Der erste Eindruck ist immer der wichtigste, und entscheidend ist der gute Charakter des Tieres.
Zuerst sehen wir uns das Pferd im Stall an. Schon beim Öffnen der Box soll es vertrauensvoll mit ge-

spitzten Ohren herankommen und uns beschnuppern. Es soll eine freundliche, positive Ausstrahlung haben, ähnlich wie wir sie auch von einem Menschen erwarten würden, wollten wir mit ihm eine Beziehung eingehen. Denn eine Beziehung muß unbedingt zwischen dem Pferd und seinem Besitzer entstehen!

Dann sollten wir darum bitten, das Tier etwas fressen und saufen zu lassen, um sicher zu sein, daß es nicht durch Wasser- und Futterentzug »fromm« gemacht wurde. Und nun probieren wir das Pferd nicht gleich unter dem Sattel aus, sondern wir legen ein Halfter an, führen das Tier aus der Box und machen erst einmal einen **Putztest** – möglicherweise zum großen Erstaunen des Verkäufers! Doch der Putztest ist für den Privatkäufer, der ein Pferd mit »Familienanschluß« sucht, sehr aufschlußreich: Auf diese Weise haben wir nämlich einen ersten engeren Kontakt mit dem Pferd, stellen fest,ob es ruhig ist, sich die Hufe aufheben läßt, gesunde Haut und gesunde Gliedmaßen hat und ob wir es mögen oder nicht – und ob das Pferd uns mag oder nicht!

Schließlich satteln und zäumen wir es am besten selbst und lassen es uns dann in der Halle und im Freien vorreiten.

Danach probiert man das Pferd selbst in der Halle, auf dem Reitplatz, im Gelände und auf der Straße aus. Man soll sich auf dem Pferd wohl fühlen, angenehm sitzen können und Vertrauen haben.

Ist alles zur Zufriedenheit ausgefallen und hat vor allem auch der Tierarzt seine Zustimmung gegeben, so sollte man ungerührt ein paar Tage später die ganze Besichtigung wiederholen, bevor man den Kaufvertrag unterschreibt, denn auch Pferde sind nicht jeden Tag in der gleichen Verfassung.

Leichtrittigkeit des Pferdes läßt sich aus folgenden Verhaltensweisen vermuten:

- Das Pferd geht in allen Gangarten taktmäßig und gelöst.
- Es kaut lautlos auf dem Gebiß, ohne die Zunge herauszustrekken, das Maul aufzusperren oder mit den Zähnen zu knirschen. Dabei entwickelt sich auf beiden Maulseiten gleichmäßig viel weißer Schaum (Zeichen für ein weiches Maul).
- Das Pferd trägt den Schweif frei und ruhig, er pendelt beim Gehen locker hin und her. (Ein schief getragener, eingeklemmter oder ständig schlagender Schweif deutet auf körperliche oder seelische Verspannung hin. Schweifschlagen – außer es gilt den Fliegen – bedeutet Abwehr gegen den Reiter.)

Schöne, harmonische Flugphase über dem Sprung. ▷

Es ist auch vernünftig, das Pferd im Stall über eine längere Zeit hinweg zu beobachten, um eventuelle **Stalluntugenden** festzustellen, denn diese lassen sich kaum korrigieren und können auf die Dauer unangenehm sein.
Und schließlich – es gibt auch zwischen Mensch und Tier Liebe auf den ersten Blick, die über manch kleine Fehler hinwegsehen läßt. Pferdekauf ist ein bißchen wie Heiraten: Man merkt erst später, was man sich erworben hat – nur daß man sich von einem Pferd leichter trennen kann! Aber auch Pferde wechselt man nicht wie Hemden.

Charakterlich bedingte Schwierigkeiten sind sehr schwer zu beheben. Man muß lernen, damit zu leben, oder sich ein Pferd suchen, das dem Temperament des Reiters besser liegt.

Hat man Schwierigkeiten mit einem Pferd, so sollte man wissen, daß es Problempferde und Problemreiter gibt.

Richtig erkannte Probleme können verbessert werden, und Fehler haben alle Pferde und alle Menschen!

Tips für Pferdebesitzer

- Auf gute, regelmäßige Fütterung achten.
- Trinkwasser kontrollieren.
- Täglich putzen.
- Täglich bewegen.
- Alle 4–6 Wochen den Schmied bestellen.
- Sattelzeug kontrollieren und pflegen.
- Stalldecke kontrollieren, während des Haarwechsels die Unterseite täglich von losen Haaren befreien!
- Salzleckstein in der Boxe aufhängen.
- Für frische Luft im Stall sorgen.
- Regelmäßig Wurmkuren durchführen.
- Bei Krankheit sofort den Tierarzt rufen, nicht selbst »herumdoktern«.
- Nach Erkrankungen, besonders nach Lahmheit und Husten, lange genug schonen.
- Versicherungen abschließen.
- Im Falle einer Nottötung Tierarzt anrufen.

Neben der gymnastizierenden Arbeit sollte ein Pferd mit allen möglichen »Gefahren« bereits zu Hause vertraut gemacht werden. Die anfängliche Scheu und Vorsicht kann durch solche Aufgaben schnell überwunden werden. ▷

Das kranke Pferd

Wer täglich mit seinen Pferden zusammen ist und sie beobachtet, wird es allmählich lernen, Störungen des Wohlbefindens und der Gesundheit beizeiten zu erkennen und nicht erst, wenn die Krankheit ihren Höhepunkt erreicht hat. Freßgewohnheiten, Urin- und Kotbeschaffenheit sind regelmäßig zu kontrollieren, da sie dem Kundigen viel verraten.

Weideauslauf auch im Winter gehört zur gesunden Aufzucht von Pferden.

Das hustenkranke Pferd genießt das Inhalieren der lindernden Dämpfe.

Zeichen des gesunden Pferdes

- Aufmerksam, interessiert
- Lebendiges Ohrenspiel
- Klare, glänzende Augen
- Trockene, blaßrosa Nasenlöcher
- Geräuschlose Atmung
- Glänzendes, glattes Fell
- Weiche, elastische Haut
- Kühle, klare, trockene Beine
- Mäßig warme Ohren, Hals, Rumpf
- Normales Trinken
- Guter Appetit, lebhaftes Kauen
- Hellgelber, trüber Urin
- Alle 2 1/2 bis 3 Stunden Misten
- Mäßig feste, bräunliche Kotballen

Zeichen des kranken Pferdes	Bedeutung
■ Aussetzen beim Kauen ohne Störung durch die Umgebung	Kranke Zähne, Schmerzen in der Maulhöhle oder Gehirnstörungen
■ Sehr vorsichtiges Kauen, Herausfallenlassen gekauten Futters	Zahnkrankheiten, Zahnhaken
■ Fressen von Gras, Heu, Stroh bei Liegenlassen des Hafers	Zahnkrankheiten oder Verdauungsstörungen
■ Verschmähen des Futters und Fressen verschmutzter Einstreu	Mineralstoffmangel oder Magen-Darmkatarrh
■ Rot- oder schwarzbrauner Urin	Fieberhafte Erkrankung, Kreuzverschlag
■ Hell gefärbte Kotballen	Leberleiden, Darmkatarrh
■ Kleine, harte Kotballen	Gestörte Darmbewegung
■ Weicher Kot mit viel unverdauten Körnern	Zu hastiges Fressen, kein gründliches Kauen
■ Breiiger Kot	Erkältung, Durchfall, Vergiftung
■ Schleimiger Kot	Magen-Darmkatarrh
■ Rötlicher, blutiger Kot	Darmblutungen

Eine Reihe von Verhaltensweisen des Pferdes bedeuten in der Freiheit seine Chance zu überleben. Scheuen, Durchgehen und Kleben zum Beispiel sind bedingt durch die Eigenschaften des Pferdes als Fluchttier.
In der »Zivilisation« und unter dem Reiter bleiben diese Verhaltensweisen bestehen, weil sie angeboren sind. Sie sind teilweise unangenehm und auch nicht ungefährlich, aber wir müssen ihnen mit Verständnis begegnen, um sie zu kontrollieren, und nicht als Dummheit oder Widersetzlichkeit ansehen, wenn sie für den Reiter zum Problem werden.
Andere Schwierigkeiten entstehen durch schlechtes Reiten und falsche Behandlung. Ein Pferd ist feinfühlig und quittiert Reiterfehler auf seine Weise. Auch das ist keine Widersetzlichkeit, sondern nur der Versuch, sich Schmerzen zu entziehen. Daher suche der Reiter den Fehler zunächst bei sich selbst!
Probleme, die man richtig erkannt hat, lassen sich in der Regel lösen, und da wir es beim Reiten mit zwei Lebewesen zu tun haben, braucht es oft Zeit, Geduld und vor allem viel Verständnis!
Auch Abwehrreaktionen gegen den Menschen sind nichts als die Quittung für falsche Behandlung, denn im Grunde ist das Pferd gutmütig und auf Unterordnung angelegt, eben weil es ein Herdentier ist. Bei guter und verständnisvoller Behandlung akzeptiert es den Menschen als ranghöheren Artgenossen und respektiert ihn auch entsprechend.
Bei allen Schwierigkeiten müssen wir daher drei Dinge bedenken:

1. Das Pferd ist von Natur aus ängstlich und fühlt sich nur bei seinesgleichen wohl.
2. Der Mensch muß seinen Verstand einsetzen, um das Tier zu verstehen und artgerecht zu behandeln.
3. Das Pferd kann man nur über das Vertrauen zum Menschen sowie Gewohnheit und Übung lenken.

Scheuen

Das Scheuen – ein plötzliches Zur-Seite-Springen – ist für das Fluchttier Pferd eine Chance des Überlebens: Seine hochentwickelten Sinnesorgane lassen es Gefahren sehr früh wahrnehmen, auch solche, die für uns unbemerkt bleiben. So kann es z. B. die Vibration der Straße durch einen Lastwagen wahrnehmen, noch bevor dieser in Sichtweite ist.
Für den Reiter ist das Scheuen dagegen wenig angenehm, eben weil es oft so plötzlich kommt! Gerade deshalb darf er sich nicht bei jeder möglichen Ahnung einer Gefahr verspannen und aufregen, denn oft wird das Pferd dadurch erst irritiert

und auf Dinge aufmerksam gemacht, die es vielleicht gar nicht interessiert hätten.
Durch den plötzlichen Schreck reagiert der Reiter häufig kopflos, er wird aggressiv gegen das Pferd, um sich selbst abzureagieren, und versucht, es an den »gefährlichen« Objekten vorbeizuzwingen. Das aber verstärkt nur die Angst des Pferdes.
Klüger wäre es, den menschlichen Verstand einzusetzen, um den Weg des geringsten Widerstandes zu gehen, als es durch sinnlose Kraftakte zu versuchen, die nur Pferd und Reiter verärgern und auch für beide hinsichtlich der Ausbildung nichts bringen. Das Pferd scheut nämlich weder aus Dummheit noch um uns zu ärgern! Dumm ist nur, wenn der Reiter unklug reagiert – schließlich setzt man sich auch bei der Kindererziehung pädagogisch sinnvoll mit Hilfe seines überlegenen Verstandes durch.
Das einfachste ist, den Herdentrieb zu nutzen und ein ruhiges Pferd vorgehen zu lassen. Ist man allein, versucht man es durch ruhiges Sprechen und Abklopfen zu besänftigen und den Gegenstand beriechen zu lassen. Man kann auch versuchen, das Pferd rückwärts oder mit abgewendetem Kopf vorbeigehen zu lassen; außerdem es ist keine Schande, abzusitzen und es vorbeizuführen. Das alles hilft mehr als reißen und prügeln, da das Tier Vertrauen haben soll.

Scheut das Pferd in der Reitbahn vor etwas, an dem es im Verlauf der Stunde noch häufig vorbeigehen soll, z. B. einem Gegenstand auf der Bande, so läßt man es zunächst in so großer Entfernung daran vorbeigehen, wie es mag. Nach wenigen Runden hat es das furchteinflößende Objekt vergessen. Das ist eine viel einfachere, klügere Methode, als bei jeder Runde zu ziehen und zu zerren, weil »der Gaul sich so blöd anstellt«!

Je mehr Vertrauen das Pferd zu Menschen hat, je mehr Abwechslung es bei der täglichen Arbeit bekommt, je mehr es auf der Weide und im Gelände sein kann, um so weniger wird es scheuen. Ein Pferd dagegen, das nichts erlebt als den Weg zwischen Box und Reithalle, ist schreckhafter.

Durchgehen

Das Durchgehen ist ein angeborenes Fluchtverhalten, das in der Freiheit für das Pferd ebenso lebensnotwendig ist wie das Scheuen und auf die Artgenossen ansteckend wirkt.

Es wird ausgelöst durch Angst
- vor äußeren Umständen (z. B. Eisenbahn),
- vor dem Reiter (z. B. ständiges In-den-Sattel-Plumpsen).

Im Straßenverkehr höchstens zu zweit nebeneinander reiten. Auch für Reiter gelten die Regeln der Straßenverkehrsordnung.

Geht ein Pferd durch, darf man es keinesfalls zusätzlich aufregen, indem man etwa schreit – im Gegenteil, man muß unbedingt beruhigend mit ihm sprechen und mit tiefer Hand einseitige Paraden geben. Ist das Gelände geeignet, kann man versuchen, auf einen Kreis abzuwenden.
Ein Pferd, das zum Durchgehen neigt, sollte nur im Schritt und im Trab geritten werden; das Galoppieren, sei es in der Bahn oder im Gelände, wird für längere Zeit nur an der Longe geübt.
Nur über die Rittigkeit und das Vertrauen zur Reiterhand, nicht aber durch scharfe Zäumung oder etwa ein bewußtes Müdemachen durch Abjagen wird man allmählich Erfolg haben.

Kleben

Auch das sog. Kleben ist für das Pferd ein natürliches Verhalten: Es klebt an seinen Artgenossen. Ohne

das gäbe es keinen Herdentrieb. Für den Reiter ist dieses Verhalten manchmal problematisch; aber auch hier hilft kein Kampf, da das Pferd instinktiv handelt.
Besser ist es, das Pferd allmählich an das Alleingehen zu gewöhnen, z. B. indem sich erst zwei Pferde aus der Gruppe lösen. Nach einer Weile kehrt der Begleiter zur Gruppe zurück, und man versucht, allein wegzugaloppieren.
Es ist wichtig, das Vertrauen zum Reiter herzustellen, den das Pferd schließlich als Artgenossen akzeptiert. Dies gelingt auch manchmal schneller, wenn man das Pferd häufig führt.

Bocken

Bocken und Buckeln werden nur vom Reiter als Fehlverhalten angesehen - für das Pferd können sie Ausdruck von Freude und Übermut sein. Warum darf sich ein Pferd nicht einmal pferdegerecht freuen? Ein guter Reiter wird den leichten Sitz einnehmen und die Bocksprünge seines Pferdes genau wie beim Springen durch Mitgehen des Oberkörpers erlauben.

Ein ungeübter Reiter sollte sein Pferd regelmäßig frei laufen lassen, damit es sich ausbuckeln kann. Jedes Pferd braucht ab und zu dieses Freiheitsgefühl.

Sind Sattel- und Gurtzwang oder Schmerzen im Rücken die Ursache des Bockens, so muß diese selbstverständlich beseitigt werden.

Fehlverhalten durch Reiterfehler

Kopfschlagen
Dies drückt immer ein Unbehagen des Pferdes aus: Fliegen, schlecht sitzendes Zaumzeug (zu enge Stirnriemen), Satteldruck, harte und unruhige Reiterhand oder Rückenschwierigkeiten (plumpsender Reiter) können die Ursachen sein.
Den äußeren Ursachen kann man leicht abhelfen. Sind reiterliche Fehler der Grund, so läßt sich das Kopfschlagen durch schwungvolles Vorwärtsreiten am längeren Zügel korrigieren. Der Reiter sollte das Kopfschlagen im Ansatz spüren und vermehrt mit Kreuz und Schenkeln an die Anlehnung heranreiten.

Hilfszügel verhindern nur die Symptome, nicht aber die Ursache.

Bei jungen Pferden sollte man das Kopfschlagen ignorieren; es gibt sich meist von selbst mit zunehmender Rittigkeit und Gewöhnung an das Reitergewicht.

Über dem Zügel gehen, auf den Zügel legen, mit dem Kopf nach unten stoßen und Zungenfehler
All dies sind keine Unarten im eigentlichen Sinn, sondern Reaktionen des Pferdes auf Zwang und Schmerz.
Ein Pferd, das mit Ruhe angeritten wurde, ohne daß gleich zuviel Wert auf das »Am Zügel-Gehen« gelegt wurde, wird solche Angewohnheiten gar nicht erst annehmen.
Sie alle rühren von einer ungenügenden oder falschen Ausbildung, einer zu harten und falsch verstandenen Anlehnung her. Eine harte, tote Reiterhand erzeugt immer ein hartes Pferdemaul. Eine gefühlvolle Hand, die zwar nicht riegelt, aber ein Fingerspiel erlaubt, wird vom Pferd dankbar angenommen. (Man stelle sich z. B. vor, mit den Fingern einen Schwamm auszudrücken.)

Korrektur Vorwärtsreiten, in die Tiefe reiten, zwar mit Anlehnung, aber ohne daß das Pferd eine Stütze in der Hand findet.
Auch hier beseitigen Hilfszügel bestenfalls die Symptome, nicht aber die Ursachen!

Steigen
Auch Steigen ist eine Folge von reiterlichen Fehlern und die unangenehmste Unart des Pferdes.
Meist ist eine zu harte Hand die Ursache. Ein Pferd steigt dann, weil es sich auf diese Art am schnellsten dem Schmerz im Maul entziehen kann, denn auf einem steigenden Pferd ist ein Reiter ziemlich machtlos.
Sobald das Pferd zum Steigen ansetzt, muß man nachgeben und vorwärtsreiten, es eventuell abwenden und im Kreis drehen.
Steigt das Pferd, beugt man den Oberkörper vor und hält sich mit den Armen am Pferdehals. Niemals darf man sich am Zügel festhalten, da sich das Pferd sonst überschlagen kann. – Die Korrektur von steigenden Pferden sollte man unbedingt einem Könner überlassen!

Negatives Verhalten von Pferden gegen den Menschen

Beißen und Schlagen

Beißen und Schlagen sind Abwehrreaktionen gegen den Menschen, die niemals angeboren, sondern eine Folge von unsachgemäßer Behandlung sind.

Pferde schlagen und beißen nur, wenn sie nicht mehr fliehen können. Sie drücken damit aus, daß sie sich vom Menschen zurückziehen wollen.
Es gehört viel Geduld, Verständnis und Konsequenz dazu, dem Pferd dieses Verhalten abzugewöhnen. Man muß ihm wieder Vertrauen geben und sollte ganz besonders

nachsichtig und gut mit ihm sein. Hat es gebissen, gibt man ihm auf der Stelle einen Klaps an die Nase, damit es merkt, daß es das nicht soll. Es hat weder Sinn, zu spät zu strafen noch zu hart oder nachtragend zu sein, denn auch das Pferd ist nicht nachtragend, es handelt aus Erfahrung. Wird es zu hart gestraft, verliert es noch mehr Vertrauen und lehnt den Menschen noch stärker ab.

Reit-Trekking in Irland: Geländereiten für Anspruchsvolle.

Versicherungen

Nach § 833 BGB haftet der Reitpferdehalter in unbeschränkter Höhe für alle Schäden, die sein Pferd einem Fremden zufügt. Eine Haftpflichtversicherung ist eine Selbstverständlichkeit für jeden Pferdeeigentümer. Das Herunterfallen vom Pferd ist durchaus keine Schande, aber leider verläuft nicht jeder Sturz glimpflich. Mitglieder von Reitvereinen sind generell gegen Reitunfälle versichert, wenn sie an Vereinsveranstaltungen teilnehmen, nicht aber, wenn sie privat ausreiten. Eine private Unfallversicherung ist daher immer ratsam.

Schäden, die dem Pferd passieren, können durch Teilversicherungen gedeckt werden oder durch eine umfassende Tier-Lebensversicherung. Wir haben also drei Arten von Versicherungen:

1. **Haftpflichtversicherung** für Schäden, die durch die Pferde Dritten gegenüber verursacht werden.
2. **Unfallversicherung** für Schäden, die dem Versicherten widerfahren.
3. **Tier-Lebensversicherung** für Schäden, die das Pferd erleidet.

Diese Versicherungen sollte jeder Reitpferdehalter abschließen. Darüber hinaus besteht noch die Möglichkeit, die Pferde und den Pferdetransporter gegen **Diebstahl** zu versichern. Die größte Erfahrung haben naturgemäß die Tier-Versicherungsgesellschaften, andere haben sich auf einzelne Versicherungsarten spezialisiert. So werden Spezial-Turnierpferdeversicherungen, Haftpflichtversicherungen für Reitpferdehalter und Reiter-Unfallversicherungen angeboten. Es gibt sogar eine spezielle Versicherung für Kleinpferde.

Wir haben versucht, das Reiten und den Umgang mit Pferden im Zusammenhang mit den natürlichen Verhaltensweisen des Pferdes zu sehen und zu verstehen, denn nur wenn es artgerecht behandelt wird, vermag es wirklich Freude zu schenken.
Ein Pferd ist mehr, als es jedes andere Haustier und jeder andere Sport sein können, denn es ermöglicht eine ganz andere Art von Kontakt und Betätigung, in der sich der Mensch in vielen Bereichen seines Menschseins ausleben kann: Das Pferd vermittelt uns Naturerleben in Verbindung mit dem Erleben des eigenen Ich.
Insofern ist das Tier nicht nur Partner, sondern auch Erzieher – aber nur, wenn man bereit ist, sich ihm zu öffnen und zu stellen, wenn man gelernt hat, das Pferd als Pferd zu sehen, und bereit ist, seine eigenen Ansprüche zeitweise zurückzustellen. Das ist oft schwer, weil gerade im Umgang mit dem Pferd Glück und Enttäuschung, Liebe und Aggression, Ehrgeiz und Bescheidenheit so gefährlich eng nebeneinanderliegen.
Daher ist der Reiter ständig als ganzer Mensch gefordert; aber gerade darin liegt auch die Faszination des Reitens begründet.

Spaß am Reiten – Freude am Pferd: die neue Reihe »BLV FreizeitReiten«

- Für alle Freizeitreiter: das Wichtigste zu allen Bereichen – verfasst von echten horsemen.
- Klar, präzise, preiswert: Kompakt-Information in Bild und Text.
- Mit Top-Tipps aus der Praxis und Checks zur Erfolgskontrolle.

In Vorbereitung:

Basispass Pferdekunde

Pferdepraxis Monat für Monat

Ratgeber Reitweisen

Die richtige Zäumung

Unfallverhütung beim Reiten

Wegweiser für Wanderreiter

blv